PENSE MENOS, VIVA MAIS

PENSE MENOS, VIVA MAIS

AGIR

TÉCNICAS PARA ALIVIAR O ESTRESSE, DEIXAR A NEGATIVIDADE, DESCONGESTIONAR A MENTE E FOCAR NA SAÚDE MENTAL

NICK TRENTON

TRADUÇÃO: IGOR BARBOSA

Copyright © 2021 by Nick Trenton

Título original: *Stop Overthinking: 23 Techniques to Relieve Stress, Stop Negative Spirals, Declutter Your Mind, and Focus on the Present*

Direitos de tradução para a língua portuguesa negociados com PKCS Mind, Inc. e intermediados por TLL Literary Agency.

Direitos de edição da obra em língua portuguesa no Brasil adquiridos pela Agir, selo da Editora Nova Fronteira Participações S.A. Todos os direitos reservados. Nenhuma parte desta obra pode ser apropriada e estocada em sistema de banco de dados ou processo similar, em qualquer forma ou meio, seja eletrônico, de fotocópia, gravação etc., sem a permissão do detentor do copirraite.

Editora Nova Fronteira Participações S.A.
Av. Rio Branco, 115 – Salas 1201 a 1205 – Centro – 20040-004
Rio de Janeiro – RJ – Brasil

Dados Internacionais de Catalogação na Publicação (CIP)

T795p   Trenton, Nick

Pense menos, viva mais: técnicas para aliviar o estresse, deixar a negatividade, descongestionar a mente e focar na saúde mental / Nick Trenton; tradução de Igor Barbosa. — Rio de Janeiro: Agir, 2024.
176 p.; 15,5 x 23 cm

Título original: *Stop Overthinking: 23 Techniques to Relieve Stress, Stop Negative Spirals, Declutter Your Mind, and Focus on the Present*

ISBN: 978.65.5837.158-8

1. Aperfeiçoamento pessoal — saúde mental. I. Barbosa, Igor. II. Título.

CDD: 158.1
CDU: 130.1

André Queiroz – CRB-4/2242

Conheça outros livros da editora:

SUMÁRIO

Capítulo 1
O problema de quem pensa demais não é pensar demais, 9

Causas de desordem mental e sofrimento, 12
Será você? 14
Será o seu ambiente? 18
O ingrediente secreto: nossos modelos mentais, 21
Consequências de pensar demais, 24
Lições aprendidas, 29

Capítulo 2
A fórmula antiestresse e algumas coisas mais, 31

Os 4 As do gerenciamento do estresse, 35
Diários de estresse e blocos de nota, 40
A técnica 5-4-3-2-1 de fundamentação, 47
Terapia narrativa e externalização, 51
Lições aprendidas, 55

Capítulo 3
Gerencie seu tempo e suas interações, 57

Introdução ao gerenciamento do estresse, 58
Como gerir seu tempo, sua energia e suas interações, 66
Técnica de processamento de interações de Allen, 66
Método de Eisenhower, 68
Definição de metas SMART, 74
Método Kanban, 77
Blocos de tempo, 80
Lições aprendidas, 84

Capítulo 4
Como encontrar o zen instantâneo, 87

Treinamento autógeno, 88
Imaginação guiada e visualização, 93
Relaxamento muscular progressivo, 98
Adiamento da preocupação, 102
Lições aprendidas, 107

Capítulo 5
Reconfigure seus padrões de pensamento, 109

Desvendando suas distorções cognitivas, 112
O modelo antecedente, comportamento, consequência (ACC), 116
Mantendo um registro de pensamentos disfuncionais, 119
Livrando-se de distorções cognitivas, 123
Reestruturação cognitiva, 123
Experimentos comportamentais, 128
Usando TCC para limpar seu discurso interior, 132

Roteirizar-se: nutrindo e reforçando o discurso interior positivo, 134

Lições aprendidas, 136

Capítulo 6
Atitudes novas e regulação emocional, 139

Atitude 1: Concentre-se no que você *pode* controlar, não no que *não pode*, 140

Atitude 2: Concentre-se no que você *pode* fazer, não no que *não pode*, 142

Atitude 3: Concentre-se no que você *tem*, não no que *não tem*, 143

Atitude 4: Concentre-se no *presente*, não no *passado* ou no *futuro*, 145

Atitude 5: Concentre-se no que você *precisa*, não no que *deseja*, 146

Regulação emocional através da ação oposta, 149

Uma palavra sobre a ruminação, 154

Lições aprendidas, 159

Guia resumido, 163

Capítulo 1: O problema de quem pensa demais não é pensar demais, 163

Capítulo 2: A fórmula antiestresse e algumas coisas mais, 164

Capítulo 3: Gerenciar seu tempo e suas interações, 166

Capítulo 4: Como encontrar o zen instantâneo, 167

Capítulo 5: Reconfigure seus padrões de pensamento, 168

Capítulo 6: Atitudes novas e regulação emocional, 170

CAPÍTULO 1
O problema de quem pensa demais não é pensar demais

Imagine um rapaz chamado Carlos. Carlos é gentil, inteligente e consciente de si; talvez um pouco consciente *demais* de si. Carlos está sempre preocupado com alguma coisa, e hoje o que está ocupando a sua mente é um pequeno problema de saúde. Ele pesquisa na internet e fica cada vez mais alarmado com as possibilidades. Então para e se controla: "Provavelmente estou pensando demais nas coisas", ele pondera.

Então ele deixa de se estressar com a saúde e começa a se estressar com seus pensamentos sobre a saúde. Talvez ele realmente precise de terapia; mas de que tipo? Os pensamentos vão longe com ele, e, em pouco tempo, ele se acha debatendo interiormente as opções de aconselhamento, discutindo consigo mesmo, colocando-se sob julgamento, defendendo-se, questionando-se, ruminando interminavelmente sobre memórias, suposições, medos. Então para e se controla. Ele se pergunta: "Então, isso é ansiedade? É um ataque de pânico? Ou talvez eu tenha esquizofrenia e ainda nem saiba?" Ele acha que ninguém mais deve sofrer tanto quanto ele com nenhum problema, ou será que sofre? Na verdade, quando esse pensamento surge na mente, sua cabeça se enche de milhões de exemplos de todas as vezes que as pessoas o criticaram.

Ele então observa todas as suas falhas através de uma lente de aumento e começa a revirar cada uma delas em sua mente, perguntando-se por que ele é como é, torturado pelo fato de que não consegue simplesmente "deixar para lá". Depois de uma hora assim, ele percebe, com desespero, que não fez avanços na questão de seu problema de saúde e no mesmo instante se sente deprimido, afundando em uma tempestade de diálogo interno negativo, em que ele diz a si mesmo, repetidamente, que isso sempre acontece, que ele nunca se resolve, que é muito neurótico...

Ufa! É difícil acreditar que tanto tormento e tanta angústia mental possam ter começado simplesmente porque Carlos percebeu um caroço estranho no ombro!

Todos nós vivemos em um mundo com cada vez mais tensão, estímulos e esforço mental. Pensar demais sobrecarrega nossos instintos cognitivos básicos. O excesso de pensamento ocorre quando nossos pensamentos saem de controle, o que nos causa sofrimento. Análise interminável da vida e de si geralmente é algo indesejável, imparável e autodestrutivo. Normalmente, nosso cérebro nos ajuda a resolver problemas e entender as coisas com mais clareza, mas pensar demais causa o efeito oposto.

Quer você chame isso de preocupação, ansiedade, estresse, ruminação ou mesmo obsessão, o que caracteriza o pensamento excessivo é que ele faz com que nos sintamos muito mal e não nos ajuda em nada. O excesso de pensamento clássico geralmente se amplifica ou gira em círculos para sempre, e os pensamentos parecem invasivos.

Você sofre por pensar demais? Às vezes, pode ser difícil perceber que esse é realmente um problema para você, já que aqueles que pensam demais são muito bons em se convencer de que sua preocupação atual abrange tudo... até que a próxima preocupação abrangente a substitua. Pensar demais certamente pode ser um sintoma de condições de saúde mental, como ansiedade generalizada ou depressão, mas a verdade é que você pode pensar demais sem que sofra de tais condições.

O pensamento excessivo é uma atividade mental muito prejudicial, seja essa atividade analisar, julgar, monitorar, avaliar, controlar ou se preocupar; ou tudo isso junto, como no caso de Carlos!

Você saberá que pensar demais é um problema para você se:

- Muitas vezes você está consciente de seus próprios pensamentos, instante a instante;
- Você pratica o metapensamento, ou seja, você pensa sobre seus pensamentos;
- Você se esforça para controlar ou orientar seus pensamentos;
- Você se sente angustiado ou não gosta de pensamentos espontâneos e muitas vezes sente que alguns pensamentos não são bem-vindos;
- Pensar, para você, muitas vezes se parece com uma luta entre impulsos rivais;
- Você frequentemente questiona, duvida, analisa ou julga seus pensamentos;
- Durante as crises, você frequentemente enxerga em si e nos seus pensamentos a fonte do problema;
- Você se empenha em entender seus pensamentos e investigar como funciona sua mente;
- Você tem problemas para tomar decisões e muitas vezes duvida das escolhas que faz;

- Há muitas coisas que preocupam ou afligem você;
- Você se percebe, repetidamente, alimentando padrões negativos de pensamento;
- Às vezes, você sente que não pode deixar de retornar a um pensamento várias vezes, mesmo quando o assunto ficou no passado e nada mais pode ser feito a respeito.

Você vai notar que algumas dessas opções são indiscutivelmente boas qualidades; não queremos todos cultivar uma consciência maior e atenção plena? Não é bom questionar suas reações instintivas e se fazer perguntas sérias para que possa tomar melhores decisões? A essência do pensamento excessivo está no nome; é quando pensamos *demais*, mais e além do que é benéfico para nós.

Pensar é um dom maravilhoso. A capacidade de refletir, analisar e questionar até mesmo nossos próprios processos mentais é indiscutivelmente a característica mais definidora da humanidade e a origem de muitos de nossos êxitos. O pensamento não é um inimigo. Nosso cérebro é uma ferramenta extraordinariamente útil, mas, quando pensamos *demais*, apenas minamos seu poder.

CAUSAS DE DESORDEM MENTAL E SOFRIMENTO

Se o cérebro é uma coisa tão maravilhosa e se pensar é tão útil, por que é tão comum e tão fácil que as pessoas se percam pensando demais? Ao longo dos tempos, algumas pessoas (provavelmente pessoas que pensavam demais) propuseram suas teorias: talvez o excesso de pensamento seja um mau hábito, um traço de personalidade ou um transtorno mental que pode ser tratado com medicamentos. Na verdade, as razões pelas quais uma pessoa se preocupa demais muitas vezes podem se tornar um ponto favorito de obsessão para aqueles que pensam demais. *"Por que, por que, por que eu sou assim?"*

Se você pegou este livro, é provável que tenha ficado angustiado com a forma como seu próprio cérebro parece sequestrar você. Mas *existem* soluções, existem maneiras de sair do estresse e da ruína e desfrutar da quietude. A primeira coisa a notar, no entanto, é importante: *as causas do excesso de pensamento raramente são o foco do pensamento excessivo.* O que isso significa? No exemplo de Carlos, seu excesso de pensamento não tem nada a ver com aquele caroço assustador. Não tem nada a ver com a escolha do psicólogo certo ou com o que aquela pessoa lhe disse há 23 anos ou se ele deveria se sentir culpado por ser uma pessoa ruim.

Todos esses pensamentos são o *resultado* de pensar demais. Quando estamos presos na ruminação, pode parecer que os pensamentos são o problema. Dizemos a nós mesmos: "Se eu fosse capaz de resolver essa questão que está me incomodando, poderia relaxar e tudo ficaria bem." Mas é claro que, mesmo que aquele problema fosse resolvido, outro logo assumiria seu lugar. Isso porque ele nunca foi a causa do excesso de pensamento, mas o resultado.

Muitos *overthinkers*, termo em inglês para designar as pessoas que pensam demais, estão à mercê de um cérebro hiperativo precisamente porque não reconhecem o que, de fato, está acontecendo ao redor. Eles se desesperam para resolver o "problema", mas não se dão conta de que a verdadeira questão é saber diferenciar o que é um problema e o que não é. É possível, então, que alguém se apegue a uma suposta solução, gaste toda sua energia para alcançá-la e perceba, no fim das contas, que está tão estressado quanto estava no começo.

Para enfrentar com sucesso o pensamento excessivo, precisamos dar um passo para trás, em vez de tentar resolver o problema por meio de nossa própria ruminação. E, no restante deste livro, trabalharemos com a suposição de que, quando falamos sobre pensar demais, estamos falando de *ansiedade*. Pode acontecer de alguém pensar demais sem que tenha um transtorno de ansiedade formalmente diagnosticado, mas, nos capítulos seguintes, veremos a ansiedade como a causa raiz (o porquê) e o pensamento excessivo como o efeito (ou o como). Então, de onde vem a ansiedade?

SERÁ VOCÊ?

As causas da ansiedade são objeto de pesquisa ainda hoje. Teorias concorrentes sugerem que ela seja questão de personalidade ou de predisposição biológica — algo que se herda de pais igualmente ansiosos. A ansiedade muitas vezes se manifesta junto com outros distúrbios, tanto mentais (como a depressão) quanto físicos (como a síndrome do intestino irritável). Mas também foi observado que certos grupos, como, por exemplo, as mulheres, sofrem de ansiedade mais frequentemente, e que variáveis como hábitos alimentares, estilos de vida estressantes, traumas do passado e até cultura desempenham um papel nesse processo.

Marcus E. Raichle é um neurocientista que cunhou o termo "rede de modo padrão", que pode ser explicado como tudo o que o cérebro faz quando não faz nada em particular. Quando nenhuma tarefa está dominando o cérebro, ele acaba refletindo sobre seu lugar no mundo e processa e reprocessa informações sociais e memórias a fim de favorecer a própria sobrevivência. Dessa forma, pode-se dizer que o cérebro evoluiu para sobreviver, não para ser feliz.

A ideia aqui é que esse "tempo de inatividade" mental é usado para um processamento adicional — haja ou não o que processar. Como disse o físico Michio Kaku: "O cérebro humano tem 100 bilhões de neurônios, cada um estando conectado a 10 mil outros. Você tem acima dos ombros o objeto mais complexo do universo." Ruminação é o que acontece quando todo esse poder de processamento não tem nada melhor para fazer!

Um artigo publicado por Killingsworth e Gilbert em 2010, intitulado *"A Wandering Mind is an Unhappy Mind"* [Uma mente errante é uma mente infeliz], revelou que o cérebro gasta tanto tempo pensando no que *não está* acontecendo quanto no que *está* acontecendo. Além do mais, isso geralmente leva à infelicidade. Um artigo de 2008 de Broyd e parceiros na *Neuroscience Behavior Review* sugeriu que aqueles que sofrem de ansiedade e depressão, na verdade, demonstraram maior ativação de rede de modo padrão do que os demais. Ou devemos interpretar isso como um indicativo de que aqueles com maior atividade nessa rede desenvolveram depressão?

As pessoas ficam ansiosas em relação ao dinheiro, ao trabalho, às famílias e aos relacionamentos, sobre envelhecer ou sobre eventos estressantes da vida. No entanto, insistimos, essas coisas são causas da ansiedade e do pensamento excessivo ou são o resultado? Afinal, muitas pessoas sofrem uma enorme pressão financeira ou familiar e não se sentem ansiosas ou se preocupam em excesso, e outras se sentem ansiosas quando, vistas de fora, não parece haver nada causando tal emoção.

Para tentar interpretar o número abundante de pesquisas que existem, adotaremos a abordagem de que todas essas teorias têm seu lugar e que a ansiedade é *multifatorial*, isto é, ela resulta de uma combinação de diferentes causas que têm, elas próprias, formas interessantes de interagir umas com as outras. A razão principal pela qual você está ansioso pode ser a parte natural do fator "natureza *versus* educação". Em outras palavras, embora possa não parecer no momento, uma grande causa de ansiedade pode se resumir a fatores intrínsecos a você como indivíduo.

Vamos começar com uma explicação comum para a ansiedade: genética. A verdade é que nenhum especialista conseguiu identificar com absoluta certeza uma única causa genética para a ansiedade. Houve, no entanto, pesquisadores que descobriram um componente genético. Dale Purves e parceiros alegaram, em um artigo publicado na *Molecular Psichiatry*, em 2019, que o cromossomo 9 carrega genes associados ao desenvolvimento da ansiedade. Mas ter esses genes não significa que você inescapavelmente sofrerá de ansiedade.

O artigo explica que os transtornos de ansiedade têm uma taxa de hereditariedade de 26%; o que isso significa é que 26% da probabilidade de as pessoas desenvolverem ansiedade é explicada pela genética. Tenho certeza de que você concordará que essa é uma contribuição bem pequena; e quanto aos outros 74%? Esses estão relacionados ao seu ambiente e a variáveis como histórico familiar, experiências passadas e estilo de vida atual. Esse tipo de pesquisa pode ser difícil porque, quando se pensa sobre isso, entende-se que há duas maneiras de "herdar" a ansiedade dos pais: uma delas é a via genética, e a outra é o modo como fomos criados, nossas primeiras experiências formativas e assim por diante. Então é difícil separar os fatores de influência genéticos e os comportamentais.

Se você tem um pai ou mãe com transtorno de ansiedade, sua chance de sofrer do mesmo transtorno é maior; mas se trata, ainda, de uma questão apenas de probabilidade. Não existem "genes da ansiedade" que o conduzam a um destino único do qual você nunca poderá escapar. Atualmente há evidências que indicam que, à medida que envelhecemos e nosso ambiente muda, os efeitos de nossos genes têm ainda menos influência sobre nós. Para quem estiver ciente de quaisquer fatores de risco e predisposições específicas, sempre será possível aprender a controlar a ansiedade, contorná-la e viver bem.

O campo da epigenética agora nos diz que os genes são apenas uma parte da história. Nascemos com um DNA que pode ser posteriormente alterado por meio de nossas experiências de vida e interações com o meio ambiente. Certos genes podem ser ativados ou desativados por processos moleculares, um dos quais é a metilação.

Os pesquisadores no campo da epigenética não estão descobrindo apenas que as experiências de vida podem desativar a expressão genética por meio da metilação, mas que esse padrão de metilação pode, de fato, ser transmitido para as gerações seguintes.

Pensar demais é um traço genético? Sim. Mas não é *apenas* genético. A vida ainda influencia nesses 74%, o que significa que o ambiente pode desempenhar um papel maior. Não podemos fazer muita coisa a respeito da nossa genética, mas podemos fazer muito quanto a todo o resto.

Dentro de nós existem, também, outras fontes de ansiedade além da genética. Muitos de nós formamos o hábito de pensar excessivamente porque isso nos dá a ilusão de que estamos tratando, de alguma forma, do problema sobre o qual estamos pensando demais. Assim, se Carlos está preocupado com a própria saúde, é natural que exagere ao pensar nas várias causas e soluções possíveis, fazendo parecer que está se esforçando para chegar ao fundo da questão. Mas a verdade é que pensar demais muitas vezes não leva a lugar nenhum, porque quem faz isso fica preso no ciclo de analisar, rejeitar e reconsiderar diferentes possibilidades. É como uma comichão que simplesmente não passa: você pode sentir algum alívio momentâneo ao coçar, mas isso não fará com que a coceira pare, por melhor que seja a sensação de coçar a pele.

Outra razão pela qual pode ser tão difícil escapar desse círculo vicioso é que a ansiedade que causa nosso pensamento excessivo funciona de maneiras inteligentes e oportunistas. Ela se alimenta de nossos piores medos. Você deve ter notado que há gatilhos muito específicos capazes de exacerbar seu excesso de pensamento. Podem ser suas inseguranças sobre capacidades pessoais, seus relacionamentos com certas pessoas, sua saúde física ou mental etc. Você começa a pensar *ainda mais* sobre o assunto. Ainda que isso possa soar como uma situação da qual não se pode fugir, mais adiante neste livro apresentaremos algumas técnicas que você pode utilizar para sair desse ciclo.

Por fim, nossos hábitos diários podem alimentar a ansiedade e resultar em excesso de pensamento de maneiras sutis, mas relevantes. Hábitos aparentemente inofensivos, como checar as redes sociais com frequência, não comer bem ou se nutrir o bastante, não beber água suficiente, manter horários de sono inadequados etc. podem exacerbar nossa tendência de pensar demais. De todos os fatores que mencionamos até agora, esses hábitos são, de longe, os mais fáceis de controlar. No entanto, a próxima fonte de ansiedade não se curva tão facilmente à nossa vontade.

SERÁ O SEU AMBIENTE?

Sua genética pode ter lhe dado uma pele extremamente clara, que queima ao sol mais do que a das outras pessoas, mas não cabe a seus genes decidir se você realmente vai ou não ficar com a pele queimada; é o sol quem manda! Da mesma maneira, os genes nos predispõem de uma ou de outra forma, mas a própria vida desempenha o papel mais importante no desenvolvimento e manutenção da ansiedade. Em outras palavras, predisposição genética + eventos precipitantes estressantes = pensar demais.

A visão clássica costumava ser que os transtornos mentais residiam puramente na pessoa que os apresentava — "desequilíbrios químicos" no cérebro, por exemplo. Mas agora entendemos que a ansiedade e as condições de saúde mental relacionadas podem definitivamente ser desencadeadas por vivermos em um mundo extremamente estressante.

O estresse não é algo ruim. O *eustresse*, ou bom estresse, é o tipo de pressão cotidiana normal que nos inspira, mantém alerta e desafia a sermos melhores. Quando o estresse é muito intenso, no entanto, ele tem o efeito oposto e só funciona para esgotar nossos recursos psicológicos e nos deixar com a sensação de incapacidade de lidar com a situação. No outro extremo do espectro, também podemos ficar estressados pela completa falta de estímulo. Conhecido como *hipoestresse*, essa forma de estresse ocorre quando não estamos sendo suficientemente desafiados pelo nosso ambiente. Isso só serve para mostrar que, para florescer, não precisamos de um ambiente livre de estresse; precisamos de um que seja perfeitamente adequado às nossas necessidades.

Estresse e ansiedade não são a mesma coisa. A psicóloga dra. Sarah Edelman explica que o estresse está no ambiente, é uma pressão externa sobre nós, enquanto a ansiedade é nossa experiência interna dessa pressão. Todos nós respondemos de maneira diferente ao mesmo evento estressante porque todos temos diferentes recursos internos e limites, e nossa resposta pode incluir outras emoções (como raiva ou depressão) e sintomas físicos (como insônia, problemas digestivos ou falta de concentração).

Estar vivo é estressante. É uma parte normal do nosso mundo diário sentir pressão, desafio ou desconforto. Mas, se isso for *persistente* e sobrecarregar nossa capacidade de suportar e avançar, podemos nos sentir exaustos, deprimidos ou manifestar um transtorno de ansiedade. O mecanismo fisiológico de luta ou fuga evoluiu para nos manter seguros, mas não somos feitos para *permanecer* indefinidamente em um estado elevado de excitação. Despejar estresse crônico em alguém que já tem uma predisposição biológica ou psicológica para pensar demais é uma receita para esgotamento e sobrecarga.

Pressões profissionais, filhos carentes, um relacionamento emocionalmente desgastante, o estresse interminável do noticiário 24 horas por dia, política, mudança climática, o barulho que seu vizinho do andar de cima fica fazendo, falta de sono, muita comida de baixo valor nutricional, aquela situação traumática que aconteceu com você no ano passado, seu saldo bancário baixo... Não é surpresa que muitos de nós estejamos completamente sobrecarregados.

O pesquisador Kenneth Kendler e sua equipe descobriram que tanto a depressão clínica quanto a ansiedade generalizada estavam fortemente ligadas a experiências traumáticas recentes, tais como luto, divórcio, acidentes, crime ou até problemas como pobreza ou racismo. Vários outros estudos (desde Browne e Finkelhor, 1986) revelaram que um dos maiores fatores preditores de transtornos mentais na idade adulta era a experiência de trauma, abuso ou negligência na infância. Em 2000, Christine Heim e colegas sugeriram que o abuso sexual na infância tinha o efeito de "sensibilizar" as mulheres ao estresse na idade adulta, o que significaria que a resposta fisiológica delas ao estresse, de fato, era maior que a das outras pessoas.

Quando pensamos em fatores ambientais, geralmente nos concentramos nos principais eventos ou partes de nossas experiências que contribuem para o excesso de pensamento. Muitos deles foram mencionados anteriormente, mas os fatores ambientais também nos afetam de outra maneira. Trata-se dos ambientes imediatos nos quais passamos períodos substanciais; nossa casa e escritório/local de trabalho. A forma como esses espaços são compostos e orientados pode ter um grande impacto em nossa sensação de ansiedade.

Se você já ouviu "Limpe seu quarto!" como conselho para lidar com o estresse, é exatamente por causa disso. A desordem, seja em casa ou no trabalho, geralmente é uma causa significativa de ansiedade, porque ela age subconscientemente como um reflexo de si mesma. Elementos como a qualidade da iluminação, os cheiros e ruídos aos quais você se expõe, a cor das paredes e as pessoas que ocupam esses espaços com você podem elevar ou reduzir os níveis de ansiedade e estresse, dependendo de como são gerenciados. Você pode se surpreender com o impacto de uma boa iluminação, aromas agradáveis e paredes com cores relaxantes sobre os níveis de ansiedade.

Portanto, o componente genético não é o único responsável; eventos na vida e causadores de estresse ambientais podem nos tornar mais vulneráveis a sofrer de ansiedade. Voltando ao nosso exemplo anterior, mesmo que alguém tenha genes para pele escura e resistente à insolação, se for repetidamente exposto ao sol forte, acabará se queimando.

Para levar nossa metáfora um pouco mais longe, imagine novamente a pessoa com pele pálida e propensa a queimaduras. Ela pode ter sido amaldiçoada com "genes que causam queimaduras solares", mas também pode fazer escolhas conscientes sobre seu comportamento (ou seja, usar filtro solar). Dessa forma, ela pode deliberadamente moderar os efeitos do ambiente e assumir o controle da própria vida. Isso nos leva a um terceiro aspecto do desenvolvimento do estresse: nosso próprio comportamento e atitudes.

O INGREDIENTE SECRETO: NOSSOS MODELOS MENTAIS

O debate natureza *versus* criação foi realmente resolvido: não é nenhum dos dois, mas os dois — ou melhor, são os dois juntos. Sentir ansiedade se resume à *relação* entre:

- Nossas características e suscetibilidades genéticas e biológicas únicas; e
- Os eventos, pressões e condições que encontramos no ambiente externo.

Mas todos nós podemos diferir em como estamos dispostos a examinar esse relacionamento, compreendê-lo e assumir o controle consciente dele.

Um determinante final e poderoso para sentirmos ansiedade é nosso estilo cognitivo pessoal, nossos enquadramentos mentais e o comportamento que eles inspiram em nós. Ao pegar este livro, por exemplo, você recebeu em sua vida uma influência que não é estritamente da natureza ou da criação.

Na interface entre a natureza e a criação está a história que contamos sobre nossa vida, o modo como damos sentido às coisas, nosso diálogo interior e nosso senso próprio de identidade. O velho ditado diz: "Não é força, é jeito"; ou: "A questão não é a carga, mas o modo como você a carrega". A possibilidade de um evento ser percebido por você como algo estressante e avassalador depende de como você interpreta e entende esse evento, além de como você se envolve ativamente com ele, ou seja, as escolhas que faz.

Duas pessoas podem ter avaliações muito diferentes do mesmo cenário; é a avaliação que causa a experiência de cada uma delas, e não o cenário. Algumas avaliações da vida simplesmente levam a resultados mais estressantes. Se você é o tipo de pessoa que, por exemplo, tem um *locus* de controle externo (ou seja, você não vê sua vida realmente sob seu controle, mas influenciada pela sorte, aleatoriedade ou outras pessoas), então você pode ver uma determinada situação nova como uma ameaça, em vez de como um desafio interessante. E, depois de dizer a si mesmo que se trata de uma ameaça, você se comportará como se de fato fosse; e ficará ansioso.

Considere o seguinte: os gatos siameses têm genes que dão à pelagem sua coloração característica. Os genes, no entanto, não são imutáveis, mas se expressam condicionalmente em relação ao meio ambiente, pois são sensíveis à temperatura. Eles são "ativados" nas partes mais frias do corpo (ponta da cauda, focinho, orelhas e patas, que ficam marrons) e desativados nas partes mais quentes. Se você criar um gatinho siamês em um clima muito frio, ele terá uma cor marrom mais escura. Em um clima mais quente, será mais claro. Assim, dois gatos com a mesma composição genética acabam tendo um fenótipo — ou seja, a expressão fisiológica desses genes — diferente.

Se um criador de gatos siameses decidisse levar seus gatos para um clima mais quente porque ele deseja gatos com pelagens de cores mais claras, poderíamos dizer que a cor resultante não é puramente devida aos genes nem ao ambiente. Na verdade, a cor nem é resultado da interação entre os dois, mas de uma terceira variável: a consciência do criador de como a pigmentação funciona no caso dos gatos siameses e sua ação deliberada e proposital a fim de obter o resultado que deseja.

Suas percepções, suas perspectivas, seu senso de identidade, sua visão de mundo e seus modelos cognitivos influenciam sua interpretação de eventos neutros. Nós não reagimos ao estresse, mas à nossa percepção do estresse. E essas percepções se tornam reais no mundo por meio da ação, que pode, em última análise, reforçar essas atitudes e visões de mundo.

Nos capítulos a seguir, você não encontrará conselhos sobre como mudar sua genética (impossível) ou como se livrar do estresse no ambiente (um pouco mais possível, mas apenas um pouco). Em vez disso, vamos nos concentrar em todas as coisas que você pode fazer agora para mudar sua perspectiva e gerenciar melhor a ansiedade e o pensamento excessivo.

As pessoas que pensam demais geralmente têm "razões" genéticas e ambientais para agir assim, mas, no fim, é a avaliação única delas que reúne tudo de uma forma particularmente estressante. Quais são suas crenças sobre suas forças e habilidades inatas quando se trata de resistir ao estresse? Como você vê o mundo e seus desafios, e quanto controle você tem sobre o modo como as coisas acontecem? Quais são seus hábitos diários? Sua autoestima está em ordem? E quanto aos seus limites? Essas são todas as coisas que *podemos* mudar.

No restante deste livro, veremos exemplos práticos e concretos de como incorporar coisas como a terapia cognitivo-comportamental em sua vida. Com as técnicas certas, podemos reformular nossa perspectiva e mudar nosso comportamento, impedindo-nos de pensar demais e passando a fazer um bom uso do cérebro. Veremos maneiras de fortalecer seu senso de controle e empoderamento; de gerar esperança e entusiasmo, no lugar do medo; de controlar o estresse e conduzir sua vida, em vez de sentir que a vida está conduzindo você.

Antes de mergulharmos nas técnicas, vamos considerar o que está em jogo se *não* agirmos dessa maneira e não tomarmos nosso bem-estar nas mãos.

CONSEQUÊNCIAS DE PENSAR DEMAIS

Você se lembra de Carlos, de quem falamos no início do capítulo? Nós passamos apenas uma ou duas horas dando uma olhada no cérebro dele, mas imagine ser Carlos 24 horas por dia, 7 dias por semana, com um cérebro que aparentemente nunca desliga. Talvez você já saiba como é isso. Ainda assim, a maior parte das pessoas não pensa que a preocupação e o pensamento excessivo são danosos por natureza; são apenas pensamentos, certo?

Errado: *a ansiedade é um fenômeno fisiológico, mental, psicológico, social e até mesmo espiritual.* Não há nenhum aspecto da vida que o excesso de pensamento de fundo ansioso não afete. Quando você percebe uma ameaça, seu eixo HPS (hipotálamo, pituitária, suprarrenais) é estimulado. Seu cérebro desencadeia uma cascata de neurotransmissores e hormônios no corpo, que então tem efeitos físicos; essa é a clássica reação de lutar ou fugir, que põe o corpo em prontidão para sobreviver à ameaça percebida.

Karin e parceiros (2020) publicaram um artigo descrevendo como o sistema HPA, quando desregulado, pode causar várias condições psiquiátricas relacionadas. Isso sem mencionar os efeitos fisiológicos diretos do estresse prolongado. Do ponto de vista sistêmico, o estresse é um fenômeno complexo que abrange tudo, desde a saúde e a função das glândulas e dos órgãos endócrinos até os comportamentos adaptativos, as experiências subjetivas de nosso humor e do mundo do qual fazemos parte.

O que é irônico, no caso de Carlos, é que a preocupação com a saúde está literalmente prejudicando sua saúde. Ao cultivar uma condição quase constante de estresse e hiperexcitação, Carlos acaba em um estado crônico e de baixa intensidade do que é, basicamente, medo. O caroço, no fim das contas, não era nada, mas o medo de baixa intensidade que ela gerou foi a causa silenciosa de uma série de outros problemas genuínos: falta de sono, falta de concentração, sistema imunológico enfraquecido etc.

Portanto, não está "tudo na sua cabeça"; está tudo no seu corpo, no seu comportamento e no seu mundo!

Entre os efeitos físicos, de curto e longo prazo, temos:

- Coração acelerado
- Dor de cabeça
- Náusea
- Tensão muscular
- Fadiga
- Boca seca
- Sensação de tontura
- Aumento da taxa de respiração
- Músculos doloridos

- Tremores e espasmos
- Sudorese
- Digestão perturbada
- Supressão do sistema imunológico
- Problemas de memória

Seu corpo foi projetado para suportar *breves* momentos de estresse agudo, mas o estresse crônico (estresse contínuo) pode vir a causar condições crônicas de saúde, como doenças cardiovasculares, insônia, desregulação hormonal e assim por diante. Se a experiência física de estresse comum for prolongada, os efeitos físicos podem ter consequências pelo resto de sua vida.

Entre os efeitos psicológicos, temos:

- Exaustão e fadiga
- Sensação de catástrofe iminente
- Nervosismo
- Irritabilidade
- Incapacidade de concentração
- Falta de motivação
- Alterações da libido e do apetite
- Pesadelos
- Depressão
- Sensação de descontrole
- Apatia

O estresse pode reforçar padrões de pensamento negativo e conversas internas prejudiciais, diminuir nossa confiança e matar nossa motivação.

Mais alarmante do que isso, pensar demais pode distorcer completamente sua percepção do tempo, moldando sua personalidade de maneiras que o tornam mais avesso ao risco, mais negativo e menos resiliente. Quando você está constantemente sintonizado na *Estresse FM*, você não está realmente consciente e disponível no momento presente para experimentar a vida como ela é. Você perde inúmeros sentimentos potenciais de alegria, gratidão, conexão e criatividade por causa de seu foco incansável no que pode dar errado ou no que deu errado.

Isso significa que é menos provável que você reconheça soluções criativas para problemas, veja novas oportunidades e as aproveite, ou de fato aprecie todas as coisas que estão dando certo para você. Se estiver constantemente em baixa, num estado de medo e preocupação, cada nova interação será interpretada por esse filtro e entendida não a partir do que é, mas a partir do que você teme que possa ser.

Entre os efeitos sociais e ambientais, temos:

- Prejuízo aos relacionamentos íntimos
- Baixo desempenho profissional
- Impaciência e irritabilidade com os outros
- Retraimento social
- Envolvimento em comportamentos viciantes ou prejudiciais

Uma pessoa constantemente estressada e ansiosa começa a perder todo o sentido e a alegria da vida, para de fazer planos, não consegue agir com caridade ou compaixão pelos outros e perde o encanto pela vida. Há muito pouca espontaneidade, humor ou irreverência quando a mente de alguém está muito ocupada prevendo catástrofes, certo?

Como você pode imaginar, os aspectos físicos, mentais e ambientais interagem para criar uma experiência unificada de pensamento excessivo e ansiedade. Por exemplo, se você pensar demais de forma consistente, seu corpo será inundado com cortisol e outros hormônios do estresse. Isso pode levar você ao limite e até mesmo fazer com que você pense ainda mais, aumentando o estresse e mudando a maneira como você se sente sobre si e sua vida. Você pode, então, fazer escolhas ruins para si mesmo (ficar acordado até tarde, comer comida ruim, excluir as pessoas) que reforçam o ciclo de estresse em que você está. Você pode ter um desempenho pior no trabalho, procrastinando e inevitavelmente se preocupando mais, e assim por diante.

Estresse ambiental e pressão são neutros — eles não são um problema até que os submetamos aos nossos modelos mentais, decidindo o que eles são. Quando ruminamos e pensamos demais, podemos transformar o estresse da vida comum em algo avassalador e negativo. Quando pensamos demais, ficamos presos em espirais de ansiedade, reforçando um mau hábito que tem efeitos devastadores em todas as áreas da vida, da mente, do corpo e da alma.

Se pensar demais tem sido um hábito ao longo da sua vida, você pode ter acreditado que isso é basicamente uma parte de sua personalidade. Mas tenha coragem: a mudança é possível, e tudo começa, de fato, com a conscientização do papel que o excesso de pensamento está desempenhando em sua vida. Os que pensam demais têm uma vantagem sobre os outros: geralmente são inteligentes, conscientes e capazes de tomar decisões benéficas para si mesmos — contanto que sejam capazes de reconhecer a partir de que ponto pensar demais não está mais lhes trazendo benefícios.

Todos nós temos diferentes predisposições e graus de resiliência. Todos nós temos uma exposição diferente ao estresse ambiental. Mas a área sobre a qual temos mais controle é como avaliamos nossas experiências e seguimos em frente. Pensar demais não é um estado natural e não é necessário. É um comportamento destrutivo que podemos escolher ativamente abandonar, se quisermos. O estresse é um fato da vida, mas pensar demais é opcional! Com a prática, qualquer um pode retreinar o cérebro para cooperar consigo mesmo, ver as coisas de maneira diferente e resistir à corrosão da ansiedade e do estresse constantes.

LIÇÕES APRENDIDAS

- O que exatamente é pensar demais? Pensar demais é quando você analisa, avalia, rumina e se preocupa excessivamente com certas coisas a ponto de prejudicar sua saúde mental, porque você simplesmente não consegue parar.

- Existem duas fontes principais de ansiedade que levam ao pensamento excessivo. A primeira está em nós mesmos. Infelizmente, alguns de nós têm uma predisposição genética a ser mais ansiosos do que os demais. No entanto, a genética pode não ser o único fator. Podemos nos tornar pessoas que pensam demais porque isso nos faz sentir como se estivéssemos, de alguma forma, lidando com o problema sobre o qual estamos pensando demais. Visto que o pensamento excessivo nunca acaba, ainda sentimos que estamos fazendo algum progresso quando não estamos. Isso se transforma em um círculo vicioso do qual pode ser difícil escapar.

- Outra causa de ansiedade é o nosso ambiente. Existem dois aspectos para isso. Primeiro, precisamos considerar nossos ambientes imediatos onde passamos mais tempo, como casa e escritório. A maneira como esses espaços foram projetados pode ter um grande impacto em nossos níveis de ansiedade. Se eles estiverem desordenados, mal iluminados e barulhentos, isso nos deixará mais ansiosos. O segundo aspecto é a experiência mais geral que temos no ambiente sociocultural por meio de nossas interações com o mundo. Coisas como sofrer racismo ou machismo podem nos deixar estressados e causar um aumento da ansiedade.

- Pensar demais produz muitas consequências negativas. Entre elas temos danos físicos, mentais e até sociais, que, a longo prazo, podem se tornar problemas permanentes. Alguns exemplos são taquicardia, tontura, sensação de cansaço, irritabilidade, nervosismo, dores de cabeça, tensão muscular etc.

CAPÍTULO 2
A fórmula antiestresse e algumas coisas mais

Então já formamos uma imagem do que seja pensar demais, uma ideia do que normalmente está por trás desse problema e como ele pode minar nosso senso de bem-estar na vida. Também vimos que a chave para assumir o controle é mudar nossos modelos mentais e a maneira como pensamos sobre o mundo. É necessário desestressar!

Vamos dar uma olhada em Ângela, que é um poço de estresse sem igual e, quando o assunto é preocupação, tem o desempenho de uma atleta olímpica. Ângela já *sabe* que ela pensa demais e se estressa demais com praticamente tudo — você teria de ser cego para não perceber. O problema dela é como agir a respeito disso.

"Apenas relaxe", todos dizem a ela. "Permita-se um descanso."

Não é surpresa para ninguém que esse conselho não muito específico não resulte em nada. Ângela acaba programando férias complicadas de longa duração que, no fim, a estressam ainda mais ou a forçam a fingir que está desfrutando uma pausa para *relaxar* num *spa*. Enquanto ela espera calada o fim da massagem, a única coisa em que consegue pensar é todo o estresse que a aguarda assim que aquilo terminar e ela for para casa.

O problema de Ângela é que ela não tem ideia do que realmente significa *desestressar* ou como fazer isso. Recomendam-lhe "parar de pensar nas coisas", e ela presume que, para relaxar, precisa fazer menos do que está fazendo. Mas a ironia é que, quanto mais ela tenta desviar a mente das coisas com as quais se preocupa, mais a mente parece determinada a se concentrar nessas coisas, e, quanto mais ela tenta fazer "nada", mais impossível isso parece!

É por isso que este capítulo não vai dar conselhos batidos ou listar os motivos pelos quais você deveria meditar. Para quem pensa demais, o conselho comum para desestressar geralmente não é suficiente. Em alguns casos, como o de Ângela, isso só piora as coisas. Em vez disso, é preciso:

- Ganhar consciência a respeito do nosso processo de pensamento;

- Ser proativo em relação ao gerenciamento do estresse; e

- Aprender técnicas reais para conter e orientar os pensamentos.

Nosso principal objetivo ao desestressar é identificar o que exatamente acontece na cabeça quando pensamos demais. Trata-se de identificar os gatilhos que desencadeiam nosso pensamento excessivo, bem como seus efeitos, quando ele acontece. Quando conseguimos ver o processo claramente, podemos começar a tomar as medidas cabíveis. Mas qual é o ponto de partida necessário? A consciência.

Neste capítulo, começaremos com o básico para superar o pensamento excessivo e administrar seus níveis de estresse, mas, em cada caso, o mais importante é mantermos a *consciência* de nós mesmos. Consciência não é ruminação; porém, quando estamos conscientes, simplesmente voltamos nossa atenção para a experiência interna e externa, sem julgamento e sem apego ou resistência. Na verdade, uma das melhores habilidades que uma pessoa que pensa demais pode desenvolver é distinguir entre consciência e ansiedade: a consciência é neutra, confortável e imóvel. A ansiedade é tingida de emoção e tende a se deixar levar por si mesma. Aqueles que pensam demais tendem a ficar ansiosos em momentos nos quais a simples consciência seria suficiente.

Veja o exemplo de Ângela. Todo mundo está sempre a aconselhando a "parar de pensar demais nas coisas". Quando rumina, ela se sente mal de verdade, então naturalmente supõe que... ela simplesmente não deveria pensar. Por causa disso, sua conduta torna-se quase esquiva: quando ela se pega estressada ou pensando demais, tenta fugir logo da emoção. "Pare. Não entre numa dessa!" O problema é que o preço dessa evasão é uma diminuição da consciência.

Podemos estar conscientes sem ser ansiosos.

Podemos estar conscientes até da ansiedade sem ser ansiosos!

Podemos cultivar essa consciência em nós mesmos ao consultar regularmente nossas sensações corporais, pensamentos e sentimentos, certificando-nos de que nosso estilo de vida está nos apoiando da maneira que precisamos e incluindo algum exercício de *mindfulness*, atenção plena, na vida cotidiana.

Imagine o seguinte: é o fim de um longo dia e você está exausto. Chegou atrasado para a reunião da manhã e teve uma discussão com um colega. Outra vez, muito trabalho lhe foi atribuído. Há uma obra ao lado, fazendo barulho *o dia todo* e enlouquecendo você. Sua lista de tarefas é imensa e você se sente perto de explodir, até que seu namorado ou sua namorada lhe envia uma mensagem enigmática dizendo que vocês "precisam conversar".

Quando se acumula dessa maneira, o estresse pode parecer totalmente invencível. É como jogar uma rodada ultrarrápida de Tetris, em que você não consegue pensar direito porque sempre há outro desafio, outra crise exigindo sua atenção. Mesmo que muitas vezes pareça que não há nada que você possa fazer a respeito do estresse (e esse pensamento, por si só, já é estressante!), sempre há maneiras de parar, respirar e perceber o que está acontecendo.

- **Ansiedade**: "Tem tanta coisa acontecendo agora, e eu não consigo aguentar, estou prestes a gritar! Ninguém me respeita. Eu não aguento mais. O que significa essa mensagem? Por que isso está acontecendo?"

- **Consciência**: "Há muita coisa acontecendo agora. Meu coração está disparado e estou começando a entrar em pânico. Sinto meus pensamentos disparando."

Você consegue distinguir o julgamento, a interpretação e o apego à ansiedade? E você vê como a consciência não acarreta nenhuma perda de percepção consciente do que está acontecendo, mas apenas a absorção de tudo, sem anexar histórias negativas, julgamentos ou resistências? Você também percebe que, no exercício da consciência, você cria para si mesmo uma brecha e a possibilidade de escolher o que gostaria de fazer a seguir, em vez de apenas se deixar levar por uma onda de estresse?

Quando falamos sobre gerenciamento de estresse, não estamos necessariamente nos referindo a livrar-se totalmente dele. Isso é impossível! Também não estamos falando sobre se entorpecer, tornar-se menos perspicaz ou menos consciente. Em vez disso, trata-se de procurar estar consciente sem o ajuntamento de narrativas e julgamentos que provocam ansiedade sobre essa consciência. Se você puder fazer isso, será capaz de escolher o que deseja fazer com relação aos inevitáveis estresses da vida. Vejamos quais são suas opções.

OS 4 AS DO GERENCIAMENTO DO ESTRESSE

Essa técnica foi proposta pela primeira vez pela Clínica Mayo, mas, desde então, tem sido usada em várias iterações por terapeutas, treinadores, médicos e leigos em todo o mundo. Ter uma abordagem simples e estruturada para a ansiedade pode ser como um bote salva-vidas na tempestade do estresse e do pensamento excessivo. Tudo o que você precisa lembrar são quatro técnicas: *Afastar-se, Alterar, Aceitar* e *Adaptar*. Saber que, na verdade, existem apenas essas *quatro* maneiras possíveis de responder a todo estresse da vida pode em si ser uma fonte de conforto.

A primeira coisa que você pode fazer é *afastar-se*.

Isso parece estranhamente simples, mas na vida há muitos aborrecimentos dos quais você pode simplesmente se afastar. Não podemos controlar tudo na vida, mas podemos organizar nossas circunstâncias de modo que não tenhamos de estar em ambientes estressantes ou na companhia de pessoas estressantes. Se formos honestos, podemos ver que muito do estresse em nossas vidas é voluntário — e não temos de aceitá-lo!

Pense no que está estressando você em seu ambiente e como você pode assumir o controle para moderar ou remover isso completamente. Considere alguém que odeia o quanto os supermercados ficam cheios no sábado de manhã. Sabendo que isso a estressa, essa pessoa pode reorganizar a agenda para fazer suas compras semanais em um horário mais tranquilo, digamos, em uma terça-feira à noite. Não há necessidade de administrar o estresse de um supermercado cheio quando é possível se afastar disso por completo.

Você pode se afastar de pessoas estressantes exatamente da mesma maneira. Você observou que seu estresse extrapola quando seus pais vão passar feriados na sua casa? Pense em uma maneira de fazer com que eles fiquem em uma pousada nas proximidades ou evite planejar qualquer atividade em que vocês fiquem sozinhos em uma sala, sem nada para fazer por horas e horas, a não ser estressarem uns aos outros.

Quando você se afasta do estresse, não está fugindo de obrigações ou negando problemas genuínos. Você está simplesmente aprendendo a dizer "não" ao estresse desnecessário e prejudicial. Sempre podemos dizer "não" a situações e pessoas que exigem muito de nós e de nossos recursos. Esses recursos podem ser energia mental e atenção, mas também tempo. Se algo em sua vida está consumindo todo o seu tempo, você *pode* dizer "não".

Olhe para sua lista de tarefas e livre-se de dois ou três itens que não são urgentes e não são sua prioridade. Delegue tarefas ou deixe que outra pessoa assuma a responsabilidade. Você não precisa fazer tudo! Então, da próxima vez que você enfrentar uma perspectiva estressante, pergunte a si mesmo: "Posso me afastar disso?" Se você puder, faça exatamente isso.

Se não puder, talvez seja necessário encontrar maneiras de mudar a situação, ou seja, *alterá-la*.

Você sempre tem a opção de pedir aos outros que mudem de comportamento. Por exemplo, se a obra ao lado estiver fazendo barulho, peça educadamente que parem por 10 minutos enquanto você termina um telefonema importante. Comunique suas necessidades e sentimentos de forma direta, em vez de sofrer em silêncio. Se você nunca disse abertamente ao seu amigo que as piadas grosseiras dele o magoaram de verdade, você pode ficar quieto e suportar para sempre o peso desse sofrimento, quando teria sido fácil dizer-lhe como você se sente e pedir para ele parar.

Não podemos evitar todos os estresses da vida, mas muitas vezes temos algo a dizer sobre como esses eventos se desenrolam. Converse com as pessoas, negocie e use frases começando com "eu" para compartilhar suas necessidades e pedir o que deseja. Caso você não consiga deixar de ir à loja no sábado de manhã, coloque seu audiolivro no telefone e ouça-o enquanto faz compras, se isso lhe permite relaxar. Se você não puder evitar aquela reunião escolar, tente agrupá-la com outras tarefas que você já iria fazer para economizar tempo, esforço e, possivelmente, combustível para o seu carro. Você também tem um grande poder de alterar situações inevitáveis, reduzindo-as a problemas de um tamanho mais administrável. Se não dá para deixar de ir àquela festa chata, vá, mas seja franco no começo e diga: "Infelizmente só posso ficar uma hora; amanhã acordo cedo!"

Se você não puder se afastar de um fator de estresse, pergunte o que pode fazer para mudá-lo.

Se sua resposta for "não muito", talvez seja necessário dar um passo adiante e *aceitá-lo*.

Como você aceita uma situação que não lhe agrada? Em primeiro lugar, se você não gosta, não gosta mesmo. Aceitar não significa fingir que não sente o que sente; trata-se de reconhecer que não há *problema* em se sentir assim. Valide suas próprias emoções e as domine. Por exemplo, seu namorado ou sua namorada acabou de terminar com você por mensagem e não há muito que você possa fazer a respeito. Mas você pode tentar aceitar a decisão ligando para uma pessoa amiga com quem possa compartilhar seus sentimentos.

Se a situação for a de uma injustiça contra você, a aceitação pode significar um esforço para perdoar. Lembre-se de que o perdão é algo que você faz por si mesmo, e não pela outra pessoa. Quando você perdoa, está se libertando do estresse e da energia de se ressentir e culpar a outra pessoa.

A aceitação também pode ter a ver com as mudanças sutis na maneira como enquadramos os eventos. Não podemos mudar os eventos em si, mas podemos observar nosso discurso interior sobre eles e a linguagem que usamos nesse discurso. Por exemplo, em vez de dizer "Fui reprovado completamente no curso e desperdicei meu dinheiro. Eu sou um idiota por não estudar mais", você pode dizer:

"Eu cometi um erro e não estou feliz com isso. Mas esse evento não me define. Posso aprender com os erros e seguir em frente. Posso ter um resultado melhor na próxima tentativa."

A aceitação não significa que concordamos com o que aconteceu ou que gostamos dos fatos e não devemos tentar mudá-los. Significa apenas que aceitamos graciosamente o que não somos capazes de mudar de forma realista para que nos concentremos no que podemos.

A longo prazo, faremos o melhor possível diante do estresse se pudermos nos *adaptar*. Adaptar significa fazer mudanças mais duradouras em nossa visão de mundo, nossos objetivos, nossa percepção e nossas expectativas. Imagine alguém que seja perfeccionista e esteja sempre estressado porque parece nunca atingir seus altos padrões. A melhor abordagem não é que ele encontre uma maneira de ser o Superman, mas sim diminuir suas expectativas para que sejam mais razoáveis e alinhadas com a realidade.

Adaptar-se ao estresse significa que mudamos a *nós mesmos* para lidar melhor com a vida. Você pode apenas se recusar a se envolver em pensamentos depressivos e praticar deliberadamente ser uma pessoa mais otimista. Quando alteramos nossa perspectiva, podemos ver as coisas de maneira diferente. Isso é uma "crise" ou um "desafio"? Como fica esse obstáculo quando dizemos a nós mesmos "Sou uma pessoa resiliente", em comparação com quando dizemos a nós mesmos: "A vida não é justa, isso vai acabar mal como tudo acaba"?

Quando nos adaptamos ao estresse, encontramos maneiras de nos fortalecer. Construímos uma visão de mundo para nós mesmos que nos fortalece. Por exemplo, alguém pode adquirir o hábito de fazer diariamente uma "lista de gratidão" por todas as coisas maravilhosas com as quais é abençoado na vida. Outra pessoa pode meditar em seu próprio "código" pessoal ou recitar diariamente um mantra para se lembrar de que é forte e pode superar a adversidade. Se tivermos um arsenal de atitudes, ideias, filosofias e inspiração poderosas, podemos encarar o mundo sabendo que somos capazes de lidar com o estresse; e talvez até sejamos pessoas melhores por isso!

Então, esses são os quatro As do gerenciamento do estresse. Quando você se sentir ansioso, faça uma pausa e percorra cada um deles em sequência. Não importa o quanto a situação seja estressante, existe uma maneira de você se envolver com ela de forma consciente e proativa. Você não está desamparado diante do estresse. Você tem ferramentas à disposição! Para usar essas ferramentas, basta um pouco de consciência.

Por exemplo, pode haver um colega de trabalho que estressa você diariamente. Em vez de ficar se sobrecarregando, dizendo para si que não há solução, faça uma pausa e pergunte se você pode simplesmente *se afastar* desse colega. Talvez você possa almoçar em um horário diferente para evitar encontrá-lo no refeitório, ou talvez possa se realocar fisicamente para trabalhar mais longe dele. Mas digamos que você não consiga evitar encontrá-lo em reuniões semanais, e é aí que ele frequentemente o interrompe ou rouba suas ideias.

Você pensa em maneiras de *mudar* a situação. Você pode se ausentar dessas reuniões? Pode falar com seu colega em particular e compartilhar suas preocupações? ("Tenho me sentido desconfortável em reuniões ultimamente e me sinto rejeitado quando você me interrompe.") Pode continuar falando nas reuniões e ser mais assertivo? Se nada disso for realmente possível, você ainda pode *aceitar* a situação até certo ponto. Pode desabafar com um amigo próximo sobre suas frustrações ou perceber que esse colega, na verdade, interrompe todo mundo, então você começa a não levar para o lado pessoal ou deixar que isso lhe cause estresse.

Por último, você pode se adaptar, trabalhando para se tornar uma pessoa mais confiante e assertiva. Quando acreditar genuinamente que tem tanto direito de falar quanto qualquer outra pessoa, você pode se sentir mais seguro para dizer, com calma, "Desculpe, eu ainda estava falando" e prosseguir.

DIÁRIOS DE ESTRESSE E BLOCOS DE NOTA

Outra maneira concreta de trazer mais consciência para sua experiência diária de estresse é anotar tudo. Quando se pensa demais, às vezes pode parecer que há um milhão de problemas simultâneos à sua frente, e é difícil decidir qual causa única está realmente por trás de sua ansiedade.

Em 2018, Smythe e colegas pesquisadores da Universidade Estadual da Pensilvânia descobriram que a prática do diário de afeto positivo (ou DAP) contribuía para uma autorregulação emocional melhor, mais bem-estar e menos sintomas de depressão e ansiedade. Os resultados vinham em até um mês após o início de um programa *online* de manutenção do diário. Para fazer esse tipo de atividade, basta escrever sobre uma experiência traumática por não mais que 15 a 20 minutos durante 3 a 5 dias. Conforme você escreve, mude gradualmente seu foco para o afeto positivo, ou seja, boas emoções. Você pode usar *prompts* como:

- O que alguém fez para ajudar você?
- Pelo que você é grato?
- Quais são os seus valores e princípios fundamentais?

Assim, você pode usar o DAP para repassar uma discussão horrível que teve recentemente com alguém. Comece "desabafando" um pouco para colocar em palavras o que está sentindo, por exemplo: "Não acredito que ela disse isso e estou tão magoado por ela não considerar como suas palavras me afetariam..." Conforme você escreve, no entanto, pode aos poucos começar a reformular a interação estressante em termos mais positivos. "Estou feliz por ter conseguido me afastar e me acalmar antes de dizer algo de que me arrependeria. Isso é motivo de orgulho. E acredito que um lado bom dessa história é que finalmente estamos tendo a conversa difícil que deveríamos ter tido anos atrás."

Dessa forma, você está colocando sua mente ruminante para trabalhar, mastigando uma ideia estressante até resolvê-la, em vez de apenas ficar mascando. Mudar suavemente sua própria perspectiva em um diário dessa maneira pode despertar em você a capacidade de fazê-lo no calor do momento, à medida que eventos estressantes se desenrolam. Uma descoberta interessante do estudo citado anteriormente é que as pessoas que praticaram essa técnica se saíram melhor em uma avaliação de resiliência emocional, ou seja, mostraram-se mais propensas a acreditar que são fortes e capazes de se recuperar de eventos estressantes.

Essa é mais uma prova de que o uso de técnicas comuns de combate ao estresse para evitar a ansiedade provavelmente não dará certo a longo prazo. Imagine que sua mente exagerada e estressada é um labrador hiperativo. Então imagine que essa técnica é uma maneira de soltar esse labrador para que ele possa correr dezenas de voltas em um grande campo, acabando por se cansar.

Somente quando o labrador estiver exausto será possível treiná-lo. No entanto, se a sua técnica de gerenciamento de estresse for apenas capaz de manter o labrador acorrentado em algum lugar, para continuarmos em nossa metáfora, você pode ganhar um pouco de controle no curto prazo, mas o cão continuará tão agitado quanto sempre (talvez mais), e você nunca chegará ao ponto em que, tendo atingido a "exaustão" mental, pode começar a pensar com mais clareza sobre o problema em questão.

O único truque dessa abordagem, no entanto, é se certificar de que você esteja constantemente avançando em direção a algo mais positivo. Você não está apenas desabafando e reclamando, mas permitindo que sua expressão se transforme, ao longo do tempo, em algo mais saudável e equilibrado. Para fazer isso, continue se fazendo as perguntas anteriores. Você pode até se questionar diretamente: "O que eu posso tirar de bom de tudo isso? De que maneira essa situação pode ser benéfica para mim?"

Mas essa não é a única maneira de usar o registro no diário. *Um diário de estresse pode ajudar você a identificar seus gatilhos, bem como sua reação a eles.* A partir daí, você pode começar a tomar medidas ativas para gerenciar seus níveis de estresse.

A razão pela qual Ângela tem se saído tão mal em suas tentativas de desestressar é que, como vimos, ela está basicamente afastando seus pensamentos estressantes, em vez de encará-los de frente. E, ao afastá-los, ela tem menos consciência do que eles realmente são. Isso quer dizer que ela sabe que tem um problema de estresse, mas não tem uma ideia precisa quanto à origem do estresse, por que, como ou quando ele aparece. E isso significa que ela não pode dar nem o primeiro passo para resolver o problema.

Ângela pode se sentir exausta e, quando questionada sobre o motivo, simplesmente dizer: "Não sei... o trabalho." Ou algo ainda mais vago, como: "A vida!" Mas qual é o exato aspecto do trabalho que a está estressando? Ela não sabe.

Um diário de estresse nada mais é do que um registro escrito de seu nível de estresse e das informações que o acompanham, que você pode analisar mais tarde e usar para tomar medidas para controlar o estresse. Um diário de estresse fornece dados objetivos e viáveis. "Estou estressado" não é uma percepção detalhada ou sensível o suficiente para oferecer qualquer utilidade *prática*. Esse é o tipo de observação que leva as pessoas a dar de ombros e responder: "Já tentou ioga?"

No entanto, "Para mim, é muito difícil ter várias reuniões seguidas pelo Zoom, e acho que elas realmente me sobrecarregam e me deixam inquieto no trabalho" é diferente — o detalhamento e a especificidade desse problema permitem enxergar uma possível solução no futuro.

Na verdade, é provável que você já tenha noção de que pensar "estou estressado" tende apenas a criar mais estresse justamente porque nada de concreto pode ser feito a respeito dessa observação; enquanto "tenho problemas com as reuniões pelo Zoom" é uma percepção mais definida que pode diminuir a ansiedade, em vez de aumentá-la.

A ideia é simples: para cada anotação, registre a hora, a data e como você está se sentindo no momento. Uma maneira comum de fazer isso é em uma escala de classificação (por exemplo, 1 para nada estressado e 10 para superestressado), mas você também pode nomear sentimentos ou observar sintomas físicos (como suor na palma das mãos). Anote também o quão eficaz e produtivo você está se sentindo, usando uma escala. Em seguida, liste quaisquer eventos estressantes que tenham acontecido recentemente, bem como quaisquer ideias sobre quais você acha que podem ser as causas de seu estado atual. Tente construir uma imagem tridimensional de como sua ansiedade e seus pensamentos excessivos são na realidade. Por fim, anote como você reagiu ao evento e qual foi o resultado geral.

O diário de estresse representa, por si só, uma mudança-chave na mentalidade com a qual você aborda a ansiedade. Em vez de perceber o estresse, pensar demais e depois fugir em pânico (como Ângela), você fica curioso. Em vez de dizer "Algo ruim está acontecendo; preciso que isso pare" e fazer o que puder para fugir dessa sensação, você simplesmente se interessa em perguntar "o que *está* acontecendo?".

Por exemplo:

4 de fevereiro, 9h15

Recebi uma mensagem preocupante sobre meu pai, que está precisando de cirurgia no ombro. Estou me sentindo meio 4/10, um tanto apreensivo e um pouco cansado. Sensação estranha de nó no estômago. Dificuldade em ficar focado no serviço, trabalhando com apenas cerca de 1/10 de eficácia. Eu acho que me sinto assim porque me preocupa que algo ruim possa acontecer com ele. Eu estou evitando responder à mensagem, mas acho que isso está piorando a ansiedade.

Faça uma anotação toda vez que sentir que seu humor está mudando ou quando estiver perceptivelmente estressado. Registre quaisquer grandes mudanças emocionais ou eventos dignos de nota. Tente evitar o julgamento e a interpretação — você está apenas coletando dados. Entenda, enquanto escreve em seu diário, que perceber a ansiedade não é necessariamente o mesmo que se envolver com ela.

Mantenha um diário de estresse por alguns dias ou uma semana, depois se sente para analisá-lo e encontrar quaisquer padrões:

1. Quais são as causas mais frequentes de estresse, ou seja, o que geralmente vem antes de um súbito aumento de estresse ou queda de humor?
2. Como esses eventos normalmente afetam sua produtividade?
3. Como você costuma reagir a esses eventos, seja em termos emocionais ou comportamentais? Sua abordagem está funcionando?
4. Você consegue identificar um nível de estresse confortável e benéfico para sua produtividade?

Este último ponto chama a atenção para algo que podemos facilmente esquecer em nossa afobação cega por nos desestressarmos: todos nós precisamos de algum estresse na vida! Um diário de estresse pode ajudar você a identificar sua faixa ideal. Por exemplo, você pode perceber que está em um nível de estresse de cerca de 2 ou 3 numa escala até 10, mas esse é um nível relativamente confortável e uma zona na qual você é mais produtivo e eficiente. Você pode descobrir não apenas qual nível de estresse funciona melhor, mas também qual tipo de estresse é benéfico. Essa é uma percepção fundamental que você não poderia obter sem reservar um tempo para manter um diário de estresse.

Ao analisar seu diário dessa forma, você está trabalhando com dados reais que podem ajudar a promover mudanças perspicazes. Você pode até se surpreender com algumas descobertas; somente ao escrever as coisas no momento você vê padrões claros emergirem.

Ao analisar, evite fazê-lo em demasia! Lembre-se de que o objetivo do diário de estresse não é se pegar *no flagra* ou se sentir mal com o que vier a descobrir. Em outras palavras, não deve haver julgamento. Em vez disso, adote uma abordagem compassiva e curiosa e mantenha a mente aberta. Pessoas que pensam demais são em geral inteligentes, mas às vezes isso significa apenas que elas são realmente boas em esconder coisas óbvias de si mesmas!

Você não precisa manter um diário de estresse para sempre. Na verdade, depois de usá-lo por algumas semanas, o processo pode se tornar automático e você pode desenvolver uma consciência mais espontânea no momento, enquanto a situação de estresse está ocorrendo. Talvez você esteja no trânsito um dia e perceba que, toda vez que está em um engarrafamento, a mesma reação em cadeia de pensamentos parece transcorrer. Se isso acontecer com bastante frequência, você pode tomar consciência antes mesmo de parar no próximo engarrafamento e, de repente, essa janela de consciência se abre, e agora você tem a escolha: você *quer* seguir o mesmo caminho de pensar demais? Especialmente agora, que sabe para onde isso leva você?

Depois de entender as verdadeiras causas do estresse em sua vida, você pode usar algo como a técnica dos 4 As para agir ou reorganizar seu estilo de vida ou agenda para moderar o estresse. Se perceber que todo o seu estresse está vindo de uma pessoa, é possível traçar alguns limites em seu relacionamento com ela. Se perceber que sua reação normal de se enraivecer tende a dificultar o gerenciamento das coisas, dá para começar a trabalhar sua raiva. Se o seu trabalho é uma fonte contínua de preocupação, você pode avaliar quão ruim ele é e agir tanto a curto prazo (tirar férias) quanto a longo prazo (procurar um emprego diferente).

O formato descrito anteriormente não é a única maneira em que escrever as coisas é útil. Você pode manter um diário mais tradicional e explorar seus sentimentos de forma mais geral, de vez em quando ou todos os dias. Escrever as coisas pode aliviar o estresse por si só, mas também pode ajudar você a organizar os pensamentos, resolver problemas, encontrar percepções e processar quaisquer problemas pelos quais esteja passando. É como se o seu diário fosse um terapeuta informal.

Faça diários ou anotações em blocos de notas, de acordo com o que gosta e o que funciona para você. Se está lutando contra o mau humor e descobre que sua ansiedade é geral e parece afetar tudo, um diário de gratidão pode ser útil. Basta listar diariamente cinco coisas pelas quais você é grato ou grata, mesmo que não sejam nem um pouco mais emocionantes do que sua xícara de café matinal ou seu belo par de meias novas. Isso pode mudar sutilmente seu foco para seus recursos e possibilidades e reenquadrar sua experiência.

Se você está processando algum evento traumático da vida ou está passando por um momento muito difícil, talvez precise fazer um diário simplesmente como uma liberação emocional. "Despeje" todos os seus sentimentos no papel e trabalhe com eles. Uma vez no papel, você começa naturalmente a adquirir um pouco de autoconhecimento ou enxergar algumas possibilidades de caminhos a seguir.

Se o estresse em sua vida é mais contínuo, vale tentar fazer um diário, no qual você usa notas breves para acompanhar as metas diárias, prioridades e memórias. Manter as coisas mais objetivas pode ajudar você a se manter organizado e adicionar estrutura à sua vida. Algumas pessoas gostam de dar uma cara artística para o diário e usar cores e imagens para se expressar e obter inspiração, encorajando sentimentos positivos. Outros usam *planners* com divisões já impressas.

No entanto, blocos e diários não são para todo mundo. Ignore-os se eles apenas parecerem piorar o seu perfeccionismo ou se você perceber que está se angustiando quanto à técnica certa. O diário é apenas uma ferramenta para se aproximar das emoções; se você se concentrar mais no diário do que nelas, talvez seja necessário experimentar uma técnica diferente. Tente dar a cada sessão de diário um desfecho positivo e ponderado. Recite um mantra ou uma oração, visualize algo bom ou considere algumas possibilidades e soluções daqui para a frente. Se você não consegue garantir seu retorno a uma mentalidade positiva, as anotações no diário podem começar a se revelar como algo que apenas conduz a mais infelicidade e excesso de pensamento.

A TÉCNICA 5-4-3-2-1 DE FUNDAMENTAÇÃO

Diários de estresse e a técnica dos 4 As podem ser usados com grande efeito quando combinados, especialmente se realizados com frequência. Às vezes, porém, você precisa de uma técnica que traga alívio *imediato* para uma situação estressante. Embora as duas técnicas anteriores sejam ótimas para cultivar e usar a consciência, elas não serão tão úteis se o seu problema for especificamente recuperar a consciência plena. Se você já se viu preso em uma "espiral de ansiedade", sabe que sair dela pode ser quase impossível.

A técnica a seguir é frequentemente usada por aqueles que sofrem ataques de pânico; é uma maneira de interromper a espiral de ansiedade antes que ela sequestre você. Entretanto, você não precisa ter um transtorno de pânico para usá-la em benefício próprio — o excesso de pensamento opera da mesma maneira que medos e fobias mais complexos, e pode ser controlado da mesma maneira.

A ideia é simples: quando pensamos demais, ruminamos e nos estressamos, estamos *fora do presente*. Mastigamos pensamentos do passado ou cogitamos possibilidades no futuro. Pensamos "e se" e nos debatemos com memórias, ideias, probabilidades, desejos e medos. Se trouxermos nossa percepção consciente *de volta ao presente*, poderemos interromper, em parte, esse excesso de pensamento. E é possível fazer isso ativando os cinco sentidos. Em outras palavras, o cérebro pode levá-lo a qualquer lugar, mas o corpo, com seus sentidos, está sempre em um único lugar: o presente.

Em momentos de pânico, ficamos realmente presos a ideias e pensamentos, mesmo que, na realidade, estejamos perfeitamente sãos e salvos e não haja nada em nossa situação imediata nos ameaçando. O pânico, porém, pode nos levar a, ainda que estejamos sentados em perfeita paz em um jardim ensolarado, sentir que vamos morrer, tal é o poder da mente!

Da próxima vez que sentir que a ansiedade e o pânico estão saindo de controle, tente o seguinte: pare, respire e olhe ao seu redor.

- Primeiro, encontre cinco coisas em seu ambiente que você possa ver. Você pode descansar os olhos na lâmpada do canto, suas próprias mãos, uma pintura na parede. Reserve um momento para realmente olhar para todas essas coisas; suas texturas, cores, formas. Permita-se correr os olhos sobre cada centímetro e absorver tudo.

- Em seguida, tente encontrar quatro coisas em seu ambiente que você possa sentir com o tato ou tocar. Sinta o peso do seu corpo contra a cadeira ou a textura da roupa que você está vestindo, ou então estenda a mão para sentir, com os dedos, o frescor e a suavidade do vidro da janela do carro.

- Em seguida, encontre três coisas que você possa ouvir. Sua própria respiração. O som distante de tráfego ou pássaros.

- Em seguida, encontre duas coisas que você possa cheirar. Talvez isso seja complicado no começo, mas observe que tudo tem cheiro, se você prestar atenção. Você pode sentir o perfume do sabonete na pele ou o cheiro levemente terroso do papel em sua mesa?

- Finalmente, encontre uma coisa que você possa provar. Talvez o sabor do café que ainda perdura em sua língua. Mesmo que você não consiga encontrar nada, apenas pense por um momento no que suas papilas gustativas estão sentindo. Elas estão realmente "vazias" ou, de certo modo, sua boca tem um gosto próprio quando você procura tomar consciência disso? Gaste um momento nisso, explorando essa sensação.

O objetivo desse exercício é, pretensamente, fazer você se distrair. Enquanto seus sentidos estão ativos, seu cérebro está ocupado com algo mais do que a ruminação interminável e seu pensamento excessivo é interrompido. Isso equivale a travar as engrenagens, interrompendo o mecanismo de pensamentos descontrolados. Pratique essa técnica com bastante frequência e você perceberá que ela acalma e tranquiliza instantaneamente.

Quando estiver praticando o exercício, você pode não lembrar a sequência dos sentidos, mas isso não é importante. O que importa é que você está dando atenção total a algo fora de si e permitindo a dissipação da ansiedade. É difícil interromper um pensamento dizendo "Acho que preciso parar de pensar", porque, obviamente, isso em si é um pensamento. Mas, se você for capaz de colocar o cérebro em pausa e reativar seus sentidos por um momento, você se desvencilha da trilha da preocupação e se dá um momento para voltar a estar no presente e calmo.

Pense desta forma: sua consciência só pode fazer uma coisa de cada vez — ou pensa, ou se deixa imersa no momento através dos sentidos. É um ou outro. Se conseguir orientá-la ao momento presente através dos seus sentidos, você a impossibilita, ao mesmo tempo, de perder-se em pensamentos ansiosos.

Se todos os itens listados parecerem muito complicados para serem lembrados no momento, tente, literalmente, fazer um aterramento. O pesquisador Gaetan Chevalier descobriu que o ato de "aterrar" o corpo humano, como se faz com circuitos elétricos, exerce efeitos fascinantes sobre o humor. Chevalier pediu aos voluntários de um estudo que colocassem os pés ou corpo em contato com a terra por uma hora. Ele então colheu dados e observou um aumento estatisticamente significativo nos níveis de bom humor e bem-estar relatados por aqueles que estiveram em contato com a terra quando comparados com aqueles que passaram uma hora sem esse contato. Embora seja improvável que um aterramento desse tipo seja suficiente para combater um transtorno de ansiedade mais sério, essa é certamente uma descoberta encorajadora. Se puder, experimente a técnica 5-4-3-2-1 ao ar livre, com os pés descalços em contato com o solo.

TERAPIA NARRATIVA E EXTERNALIZAÇÃO

Uma última técnica que consideraremos vem do mundo da terapia narrativa, que explora a maneira como nossa vida é muitas vezes interpretada como histórias ou narrativas. As pessoas são máquinas de construção de sentido, e criamos sentido contando histórias sobre quem somos e o que significam os eventos de nossa vida. Com a terapia narrativa, podemos essencialmente reescrever essas histórias para encontrar a cura e, bem, um final feliz!

Já discutimos que grande parte do processo de superar a ansiedade é olhar para nossos modelos mentais e tomar decisões conscientes sobre como queremos conduzir a vida. Quando somos os narradores de nossa própria história, assumimos o controle, reformulamos e ficamos capacitados a criar novos sentidos. O grande princípio por trás da terapia narrativa é que as pessoas estão separadas de seus problemas, e, de fato, essa ideia sustenta uma técnica popular chamada "externalização".

Quando externalizamos, colocamos o problema *do lado de fora*. Não somos errados ou maus por ter problemas e não nos julgamos ou nos culpamos por tê-los. No entanto, somos capazes de mudar a forma como falamos sobre nós mesmos e sobre nossa vida e podemos promover mudanças significativas. Portanto, quando se trata de pensar demais, um grande passo é dizer "Pensar demais é um problema e vou encontrar soluções", em vez de dizer: "Penso demais e isso é ruim, preciso dar um jeito nisso."

Outro grande passo é perceber que você realmente está no controle e é o *autor* de sua própria experiência; que as demais pessoas não são culpadas por nossa percepção e também não podem nos salvar ou nos ensinar. Somos os especialistas de nossas experiências.

Nossos modelos mentais são um pouco como padrões, filtros ou motivos musicais que se repetem. Se a sua vida fosse um filme, de que gênero seria? Qual papel lhe estaria reservado? Como a história se desenvolveria? Quando enxergamos que nossas interpretações e enquadramentos influenciam a experiência, adquirimos o poder de mudá-los por nós mesmos. Por exemplo, aqueles que pensam demais tendem a se sentir impotentes — mas e se eles mudassem a história e se vissem como responsáveis e capazes?

Voltemos à externalização. Você não é seus problemas. Você não é seus fracassos. Se você conseguir se distanciar dos desafios de sua vida, ganhará perspectiva e desamarrará seu senso de identidade e valor próprio do momento que está vivenciando temporariamente. Assim como uma nuvem não é o céu, nossos problemas não são quem somos; eles passarão e nós temos controle sobre como reagiremos a eles.

Se você estiver se sentindo sobrecarregado ou sobrecarregada, pode ser útil repetir para si o mantra: "Eu não sou meus problemas." Mude seu linguajar também. Em vez de "Sou uma pessoa ansiosa", diga "Estou sofrendo de ansiedade neste momento"; ou mesmo "Estou percebendo um pouco de ansiedade". Podemos nos distanciar de nossos problemas de várias maneiras:

- Use as técnicas de bloco de notas ou diário de estresse ensinadas anteriormente. Tire a ansiedade da sua cabeça e coloque-a em um pedaço de papel. Queime o papel ou amasse-o e jogue fora. Materialize o problema e perceba que é algo diferente de você e, de uma certa distância, você pode agir para mudá-lo.

- Use a visualização e a imaginação. Visualize o pensamento excessivo como ar dentro de você, que infla um balão gigante. Em seguida, imagine o balão flutuando para longe de você, ficando cada vez menor. Desfrute da sensação de não precisar se *identificar totalmente* com suas preocupações: você pode colocá-las de lado às vezes e pode se afastar para obter uma perspectiva. Imagine o balão desaparecendo de vista junto com suas preocupações. Outra técnica é imaginar-se trancando suas preocupações em um cofre antes de ir para a cama. Diga a si mesmo: "Pode ser que eu abra o cofre e venha buscá-las mais tarde, se quiser, mas, por enquanto, vou dormir."

- Se você quiser, use a criatividade para exteriorizar: escreva, desenhe, pinte ou até mesmo cante e dance seus problemas e dê a eles uma existência fora do seu corpo. Algumas pessoas dão um nome à sua voz interior crítica ou excessivamente paranoica de modo que possam dizer: "Ah, sim, esse não sou *eu*, é apenas o chato do Fred de novo, pensando demais, como sempre. Olá, Fred!"

Outra técnica usada na terapia narrativa é a desconstrução. Quando você pensa demais, a sensação geralmente é opressiva: há um milhão de coisas acontecendo em sua cabeça, todas a mil quilômetros por hora, e você nem sabe por onde começar a lidar com nenhuma delas. Já uma história, no entanto, tem a excelente qualidade de ser sequencial. Toda história é feita de um passo atrás do outro. Se estivermos perdidos na ruminação, podemos usar a história para nos ajudar a dividir (ou desconstruir) um problema grande e assustador em problemas menores e mais fáceis.

Uma história é uma maneira de organizar, desacelerar as coisas e lembrar que você está no controle quando se trata de para onde e como você direciona sua atenção. Você não pode enxergar *tudo* de uma vez. Tentar fazer isso com frequência faz com que se sinta impotente e pequeno diante de pensamentos avassaladores. Mas, como em qualquer boa história, você não precisa descobrir tudo imediatamente ou resolver todos os problemas de uma só vez. Algumas maneiras de trazer a desconstrução para sua própria vida são:

- Se as coisas estiverem desastrosas, pare e force-se a se concentrar na única coisa que é mais importante no momento. Se você está imaginando catástrofes sobre coisas que podem acontecer amanhã ou no ano que vem ou a qualquer momento, deixe-as de lado e olhe para o que importa apenas hoje, ou talvez apenas o que importa neste exato momento. Pergunte a si mesmo que próximo passo você pode dar. Não se preocupe com os próximos vinte passos; apenas dê o próximo passo de que você precisa, e depois continue a partir desse passo.

- Se você se pegar revivendo memórias angustiantes do passado, reserve um momento para deliberadamente expor sua história, talvez até mesmo escrevê-la ou colocá-la em um gráfico. Divida os eventos em episódios e procure temas, padrões e um fio condutor. Veja como o momento presente se relaciona com o passado e pergunte a si mesmo o que você pode fazer para assumir o controle da própria narrativa. Por exemplo, se você está se lamentando pelos erros que cometeu no passado, pode construir uma história em que não era apenas uma pessoa idiota que fez algo errado, mas era jovem e estava aprendendo, e, em seu desenvolvimento, está melhorando de pouco em pouco. Você pode ver que seu constrangimento agora é uma prova de que você é uma pessoa mais madura. Você pode ter uma *visão panorâmica*; uma visão de crescimento e progresso. Isso não parece melhor do que simplesmente ficar remoendo uma gafe de anos atrás?

- A ansiedade e o pensamento excessivo têm uma capacidade de fragmentar nossa atenção e criar caos e desordem. Quando desconstruímos esses pensamentos, no entanto, vemos que muitos deles são apenas ruído, e que não necessariamente precisamos nos deter neles. Talvez você esteja mais preocupado com sua saúde, e dessa única preocupação deriva um milhão de outros pensamentos — perder o emprego, morrer, ter despesas médicas elevadas etc. Desconstruí-los significa perguntar-se "Este pensamento tem a ver com o que especificamente?", e distinguir os pensamentos que desviam e distraem daqueles que podem realmente levar você a promover mudanças significativas.

LIÇÕES APRENDIDAS

- Agora que identificamos o que é o excesso de pensamento, precisamos saber como combatê-lo. Há muitas técnicas simples, mas eficazes, que você pode fazer para desestressar e acalmar uma mente ansiosa e que pensa demais.

- A primeira coisa que você precisa lembrar é um mantra chamado 4 As do gerenciamento do estresse: afastar-se, alterar, aceitar e adaptar. Afastar-se das coisas implica nada mais do que evitar aquelas que você não pode controlar. Algumas coisas simplesmente não valem o esforço e é melhor removê-las por completo de nossos ambientes. No entanto, se não pudermos evitá-las, devemos aprender como alterar nosso ambiente para remover o fator estressante. Se não é possível alterar o ambiente, não temos escolha a não ser aceitar. Por fim, se não podemos fazer muito a respeito da situação, devemos nos adaptar a ela e aprender a lidar com o que nos estressa e reduzir ao mínimo seu potencial prejudicial.

- Uma outra técnica popular é o uso de diários. Quando pensamos demais, temos toneladas de pensamentos diferentes girando na mente, o que pode parecer opressivo. No entanto, quando os anotamos sistematicamente, podemos analisá-los e avaliar se esses pensamentos são válidos. Para criar o hábito, você pode carregar consigo um diário de bolso e escrever sempre que achar necessário.

- Uma terceira técnica que temos é chamada de técnica 5-4-3-2-1. Ela é altamente eficaz para conter ataques de pânico e faz isso acionando todos os nossos cinco sentidos. Portanto, sempre que sentir o pânico tomando conta de você, procure cinco coisas ao seu redor que possa ver, quatro coisas que possa tocar, três que possa cheirar, duas que possa ouvir e uma que possa saborear. Envolver seus sentidos distrai seu cérebro do pensamento excessivo.

CAPÍTULO 3
Gerencie seu tempo e suas interações

Susana tem muito o que fazer hoje. Ela verifica a agenda e se pergunta, um pouco em pânico, como vai encaixar tudo. Seu colega de trabalho, vendo-a estressada e afundando em pensamentos ansiosos, intervém com uma sugestão: por que não fazer uma pequena meditação na hora do almoço? Foi comprovado que a meditação reduz os níveis de estresse, certo? No entanto, depois de cinco minutos de meditação, Susana está gritando em pensamento e percebendo que agora ela tem ainda menos tempo do que antes, e não consegue se concentrar, porque tudo o que ela consegue pensar é naquele compromisso que ela tem às 14h30.

As técnicas clássicas de relaxamento que muitas pessoas sugerem não ajudam em nada se *a causa do nosso estresse for, na verdade, uma má administração do tempo*. Susana se beneficiaria de apenas duas coisas: uma fórmula mágica capaz de acrescentar mais horas ao dia ou uma agenda em que seu tempo seja mais bem administrado. Enquanto meditação, alongamento e práticas similares podem nos ajudar a lidar com o estresse que inevitavelmente vem ao nosso encontro, também podemos nos antecipar para minimizar o estresse a que estaremos expostos gerenciando melhor o tempo. Este capítulo trata de técnicas inteligentes e testadas para assumir o controle dessa maneira.

INTRODUÇÃO AO GERENCIAMENTO DO ESTRESSE

Para muitos de nós, um bom gerenciamento do estresse é simplesmente um bom gerenciamento do tempo. Se os prazos fazem você se sentir ansioso, apressado, muito ocupado ou sobrecarregado, então você pode ganhar mais com estratégias de gerenciamento de tempo do que com técnicas voltadas diretamente para o relaxamento.

Um estudo publicado no *European Journal of Psychology of Education* demonstrou, num primeiro momento, que os níveis de estresse de estudantes universitários poderiam ser reduzidos por meio do aprimoramento de suas habilidades de gerenciamento, mesmo que os compromissos acadêmicos a que estavam sujeitos permanecessem os mesmos. Os pesquisadores concluíram que a chave era o fato de que o estresse *percebido* foi reduzido, mesmo que os horários permanecessem inalterados. Em uma meta-análise catalogada pela Public Library of Science em 2021, Brad Aeon e parceiros realmente descobriram, em suas pesquisas mais recentes, que, ao mesmo tempo que a gestão melhora o desempenho e a realização no trabalho, seu efeito principal é o de melhorar o bem-estar geral e a satisfação com a vida.

A gestão do tempo, por sua vez, muitas vezes se resume a uma habilidade fundamental: identificar suas prioridades e usá-las para guiar sua definição de metas. Quando você consegue fazer isso, aumenta os sentimentos de competência e controle e, indiretamente, aumenta sua resiliência quando ocorrem os inevitáveis contratempos. Como sempre, tudo se resume à consciência e à mentalidade.

É estranho, para quem para e pensa sobre isso, ver quantos de nós *priorizamos o estresse* na vida. Alocamos todo o nosso tempo disponível para atividades que pioram o humor e nos deixam ansiosos ou esgotados, enquanto deixamos as atividades de recuperação e contemplação no fim da lista, se é que pensamos em alguma delas. Quando foi a última vez que você priorizou deliberadamente o descanso e o relaxamento? Se você é como a maioria das pessoas, sempre coloca o trabalho duro em primeiro lugar e dedica as migalhas de seu tempo e energia a todo o resto. Então, pode ficar como Susana, que tenta desesperadamente se encaixar em uma aula de meditação saudável, mas acaba se ressentindo disso porque se torna mais uma coisa na sua lista de tarefas.

Uma mudança de mentalidade é ver o descanso e o relaxamento como coisas importantes e dignas de seu foco, e não apenas como algo que você deixa para o fim do dia, depois que as outras coisas, as coisas importantes, foram resolvidas. Uma maneira de colocar isso em prática é programar um horário para atividades divertidas e agradáveis, ou simplesmente um tempo em que você não faça nada. Uma atitude positiva é um dos seus recursos mais valiosos na vida; por que não cuidar disso e nutrir esses bons sentimentos de forma proativa?

Overthinkers às vezes podem ter problemas pelo fato de serem responsáveis até demais. Eles podem subestimar inconscientemente o próprio bem-estar ou prazer e acreditar que o trabalho sério e desagradável da vida deve vir em primeiro lugar e que relaxar é um deleite raro ao qual eles só fazem jus quando tudo o mais na vida estiver riscado da lista de responsabilidades (ou seja, nunca!).

O gerenciamento do estresse consiste em remover esses fatores estressantes desnecessários, mas também em abrir espaço proativamente para as coisas da vida de que gostamos e que nos renovam e regeneram. Você pode começar o dia com algo agradável, em vez de mergulhar em tarefas e afazeres estressantes. Crie o hábito de fazer uma pausa de dez minutos a cada hora para uma boa xícara de chá, um alongamento ou uma pequena caminhada. Tenha expectativas todos os dias e promova conexões com pessoas de quem você gosta e que tornam sua vida mais alegre. Tire um tempo para rir um pouco, brincar e se divertir, e faça algo simplesmente porque lhe proporciona felicidade.

Você já conhece as mudanças de estilo de vida que precisa promover para se sustentar fisicamente e reduzir o estresse: dormir bem, reduzir a ingestão de cafeína, fazer exercícios, comer adequadamente e assim por diante. Mas sua saúde social, emocional e espiritual também é importante. Se você não reservar um tempo para se envolver com propósito nessas coisas, elas simplesmente não acontecerão.

Lembra da Susana? Ela se senta todas as manhãs e escreve sua lista de afazeres, trabalhando em todas as tarefas importantes de sua agenda. Mas, quando se trata de exercícios, passar tempo com amigos ou familiares ou fazer o que ela ama, ela coloca isso muito, muito no fim da lista e, portanto, nunca faz essas coisas. Em vez disso, ela poderia decidir proativamente que os relacionamentos, a saúde física e o prazer são importantes na vida e que dedicará um pouco de tempo todos os dias a eles. E se não houver tempo suficiente no dia para tudo isso *e* seu trabalho? Isso significa que o trabalho que ela tem não é adequado para ela.

A gestão do tempo não é apenas uma forma superficial de fazer malabarismos com as tarefas do dia. É uma maneira de estruturar e gerenciar a organização da vida para que você gaste seus recursos e energia nas coisas que mais importam. Não se trata apenas de espremer o máximo de trabalho possível no seu dia, mas de ter equilíbrio e de olhar para a vida com a noção de como você a divide e de quais prioridades refletem seus valores.

Sejamos honestos: sempre haverá algo novo para exigir sua atenção e monopolizar seu tempo. Cabe a nós orientarmos conscientemente o rumo da vida para que possamos aproveitar ao máximo o tempo e a energia que temos. Aqui está um ótimo passo a passo geral para fazer isso:

1. Decida seus valores e prioridades na vida. Quais são as três coisas mais importantes para você?
2. Observe durante uma semana a maneira como você gasta o tempo disponível. Registre cada hora e o que você faz com ela.
3. Analise esses dados: com o que você passa mais tempo? E menos tempo? Por fim, verifique se a maneira como você gasta o tempo na prática reflete seus valores. Por exemplo, se você prioriza curtir a família, construir seu próprio negócio e manter a forma, faz sentido que você gaste 90% das horas em que não está dormindo apenas no trabalho?
4. Guiado por seus valores e princípios, reestruture sua agenda para refletir melhor suas prioridades.
5. Observe novamente para ver como você está se saindo, o que está funcionando e quais ajustes você pode fazer.

Por exemplo, você pode descobrir que valoriza muito um momento contemplativo sozinho, sua independência e a oportunidade de ser criativo e fazer arte. Você se observa por uma semana e percebe que gasta uma pequena fração do dia com esses três valores e a maior parte do tempo com as distrações da mídia e lidando com clientes exigentes após o horário comercial.

Para você, o gerenciamento do estresse não será uma questão de aprender a encontrar espaço na vida para o uso diário de redes sociais e TV ou maneiras inovadoras de acomodar clientes insistentes. Em vez disso, o gerenciamento do estresse consistirá em restringir suavemente sua vida para que você pratique mais o que faz você feliz e menos aquilo que não ajuda. Talvez você implemente em casa uma regra do tipo "nada de celulares ou TV depois das 20 horas" ou programe um e-mail automatizado dizendo "Não estou no escritório" para os clientes que ultrapassam os limites.

Não adianta falar sobre gestão do tempo sem saber quais são seus objetivos e prioridades. O bom gerenciamento do tempo depende inteiramente dos resultados que você almeja, e você precisa saber de antemão o que valoriza. Com seus valores em mente, você pode começar a decidir o que é importante e o que não é; ou seja, você pode classificar suas atividades e tarefas.

Comece todos os dias com suas prioridades, dando a elas a maior parte de sua atenção, tempo e recursos. De manhã, escreva uma lista de tarefas para o dia. Dê uma olhada nos itens e classifique-os como *urgente*, *importante* ou *não importante*. Itens urgentes precisam ser feitos hoje e têm prioridade. Se adiá-los, você estará convidando o estresse. Afazeres importantes são um pouco menos urgentes e muitas vezes incluem tarefas de "manutenção da vida" que, quando não realizadas, causam problemas, como jogar o lixo fora.

Tarefas não importantes podem esperar, isto é, não são prioridades. Você pode decidir quanto ao seu próprio sistema de classificação e fazer sua própria definição do que "importante" significa, mas tenha clareza sobre isso antes de atribuir cada rótulo a uma tarefa. Algumas pessoas acham útil limitar o número de tarefas urgentes ou importantes, ou seja, perguntam "Quais são as três coisas em que focarei hoje?" e então relaxam nas outras tarefas menos importantes.

Existem várias dicas, truques e técnicas para o gerenciamento detalhado do seu tempo, além de muitos aplicativos e métodos inteligentes projetados para ajudar a agilizar o processo. Mas, se você seguir os fundamentos mencionados, poderá fazer seu tempo trabalhar para você. Um bom hábito de gerenciamento de tempo refletirá seu estilo de vida e objetivos únicos, mas há algumas coisas a serem lembradas:

- Escrever as coisas as torna mais concretas. Tenha uma lista de tarefas, calendário, cronograma ou algo físico para anotar seus objetivos diariamente e acompanhar o progresso.

- Divida as tarefas grandes em tarefas menores e as estabeleça como miniobjetivos no caminho de concretização das maiores.

- Pense no processo e não no resultado. Se você se concentrar em hábitos úteis diários, conseguirá mais a longo prazo do que se se concentrar em resultados rápidos e perfeccionismo.

- Acostume-se a dizer "não" para coisas que não são importantes. Não há problema em delegar ou traçar um limite para respeitar seus limites.

- Analise continuamente suas ações diante de seus objetivos maiores e pergunte-se: "Isso me deixa mais perto ou mais longe?". Então aja de acordo com a resposta.

É claro que colocar dessa forma faz com que o gerenciamento do tempo pareça simples; e ele é simples, mas nem sempre é fácil. Mesmo bem-informados, às vezes nos apegamos a velhos padrões de comportamento que nos prejudicam. Se soubermos quais são esses bloqueios, no entanto, poderemos evitá-los e contorná-los. Por que algumas técnicas de gerenciamento de tempo funcionam para algumas pessoas e não para outras? Bem, porque não somos todos iguais e nem todos enfrentamos os mesmos desafios.

Não existem apenas técnicas de gerenciamento de tempo, mas estilos ou *personas* individuais de gerenciamento de tempo. A forma como você administra (ou não) seu tempo pode se resumir a algumas diferenças singulares em sua história e personalidade.

Por exemplo, o *mártir do tempo* é a pessoa que aceita os pedidos de todos e assume demasiadas obrigações e responsabilidades, e depois sofre por isso. Por exemplo: você concorda em encontrar três amigos diferentes, um após o outro, no mesmo dia, apesar de saber que isso será uma corrida louca. No fim do dia, você está exausto e começa a pensar demais ("Será que eu fui um pouco mal-educado com meu amigo quando nos despedimos? Talvez eu tenha sido muito apressado e ele notou, e talvez esteja chateado comigo agora...").

Se você se identifica com isso, pode sentir um ligeiro orgulho por estar tão ocupado, mas não está lidando com o que é de fato importante para sua vida. Para você, seria benéfico aplicar qualquer técnica que reduza as distrações e tire você do modo multitarefa; um cronograma rígido ou um limite para concluir apenas três tarefas principais por dia são exemplos.

O *procrastinador* sofre por outro problema: o de protelar qualquer ação até que seja tarde demais. Embora um pouco de pressão seja bom, para o procrastinador, a ansiedade apenas prejudica ainda mais. Você pode achar que a procrastinação e o excesso de pensamento não têm muito a ver um com o outro, mas considere uma pessoa que tenha adiado o cumprimento de uma tarefa que sabe que deveria fazer e o estresse que isso cria nela.

Se você procrastina, pode se ajudar dividindo as coisas em pequenas tarefas e se recompensando por cada etapa vencida.

O *distraído* tem um problema semelhante; ele começa, mas muitas vezes se deixa levar por distrações e descobre que sua atenção está indo embora. Distração e pensamento excessivo podem alimentar um ao outro em proporções épicas. O que funciona para pessoas com essa tendência é ter limites mais firmes e uma consideração melhor pelo tipo de ambiente em que trabalham. Por exemplo, você pode decidir organizar drasticamente seu escritório e definir um limite firme para não ser perturbado durante certas horas do expediente. Isso reduzirá o número de coisas que aparecem exigindo sua atenção, provocando estresse e pensamento excessivo.

O *subestimador* pensa erroneamente que as tarefas lhe exigirão menos tempo do que realmente precisam e que pode perder prazos porque suas estimativas foram muito otimistas. Aqui, o gerenciamento de tempo também se resume a criar tempo suficiente para andar com os projetos passo a passo a fim de ter espaço para avaliar o processo de forma mais realista. Esse é um problema relativamente fácil de corrigir, mas pode causar estragos se for ignorado.

O *bombeiro* está sempre em um estado de espírito reativo, apagando "incêndios" por toda parte e fazendo malabarismos com mil coisas ao mesmo tempo, muitas vezes quando uma situação atinge um ponto crítico. Para evitar o esgotamento, essa pessoa pode aprender a delegar com mais eficácia e a distinguir melhor as questões importantes das urgentes.

Correr constantemente para resolver problemas pode ser um sinal de que você costuma não fazer o que deveria nos estágios iniciais e deixa as coisas saírem do controle até que se tornem muito mais difíceis de administrar. Pense em alguém que está tão distraído e sobrecarregado de pânico com o Problema A que esquece completamente uma tarefa importante do Problema B, criando obstáculos para si mesmo no futuro. Quando se dedica ao Problema B sem resolver adequadamente o Problema A, acontece a mesma coisa.

O *perfeccionista*, como o procrastinador, não conclui as coisas porque nada está à altura do resultado perfeito imaginado. Muitas vezes, porém, a verdade é que o perfeccionismo está escondendo um medo de terminar ou uma intolerância a resultados "bons o bastante", que ocorrem ao longo de uma curva de aprendizado. Essa é a pessoa que passa tanto tempo pensando no presente de aniversário perfeito que, quando o escolhe, já é tarde demais para comprá-lo. Definição de limites, planejamento realista e delegação podem ser ferramentas úteis.

Se você se identifica com um ou mais dos itens listados ou acha que seu estilo de gerenciamento de tempo é algo completamente diferente, vale a pena entender como você está agindo no momento para poder tomar medidas para melhorar. Observe os padrões e se pergunte: o que está me impedindo de administrar melhor meu tempo agora? Afinal, qualquer técnica de gerenciamento de tempo só é útil se realmente funcionar para *você* em *sua* vida.

COMO GERIR SEU TEMPO, SUA ENERGIA E SUAS INTERAÇÕES

Vamos dar uma olhada em algumas das estratégias que podem ajudar você a superar suas limitações pessoais. Tendo em mente sua própria personalidade de gerenciamento de tempo e seu estilo de vida, você pode experimentar as seguintes ideias:

TÉCNICA DE PROCESSAMENTO DE INTERAÇÕES DE ALLEN

Essa técnica é ótima para procrastinadores, bombeiros e distraídos, mas pode ser útil para quem deseja navegar em nosso mundo saturado de informações. Nessa técnica, os dados são chamados genericamente de "entradas", ou seja, qualquer estímulo do ambiente: reuniões, e-mails, telefonemas, mídias sociais, TV, as outras pessoas e assim por diante. Como você reage a cada um desses pequenos ganchos que vêm fisgar sua atenção? A técnica de Allen afirma que, a menos que você planeje com antecedência como reagir, provavelmente não reagirá da melhor maneira possível.

Com um plano, você não precisa perder tempo e energia preciosos examinando cada nova entrada à medida que ela aparece; você apenas toma uma decisão rápida e volta para o que é realmente importante. Comece observando sua vida cotidiana e veja se você identifica as principais interações. Não importa quais são, só o fato de que elas exigem sua atenção. Em seguida, a grande questão: como você responde a elas? *Essa interação vai levar você a agir?*

Você precisa decidir se uma interação justifica que você tome atitude: sim ou não. Se a resposta for não, você pode agir mais tarde ou simplesmente ignorá-la completamente. Se for sim, então você age. Parece fácil, certo? O problema é deixar que as interações se acumulem e causem estresse. Por exemplo, uma carta chega pelo correio, você a abre e a coloca de lado. Você a pega mais tarde, lê de novo, mas deixa de lado novamente, do outro lado da mesa. Você pode prestar atenção a essa única carta quatro ou cinco vezes antes de enfim agir; e, ao longo de todo esse tempo, você estava um pouco estressado por causa dela! É bem melhor pegá-la e tomar uma decisão imediata. Digamos que você decida que a carta deve ir para o lixo e pronto. Seu espaço de trabalho está mais limpo, assim como sua mente.

Se você deve agir, analise se você tem de agir *imediatamente*. Conclua as tarefas urgentes de imediato, mas, se algo tiver de ser feito mais tarde, não o deixe de lado, num canto de sua mente. Você pode agendar de imediato um horário em sua lista de tarefas para quando irá resolvê-lo ou programar um lembrete. Anote em detalhes o que precisa ser feito e quando, ou até delegue totalmente. Então, esqueça. Um aplicativo de celular ou calendário podem ajudar com isso, mas o mais importante é que você seja consistente.

A ideia é que, se você agilizar seu processo dessa maneira, estará, na verdade, liberando sua atenção e energia, e isso fará com que você se sinta mais calmo e no controle (e você estará no controle!). Você diminuirá o excesso de pensamento porque haverá menos assuntos em que pensar e, em geral, sentirá que as coisas estão menos opressivas e caóticas.

Você precisa ser consistente. Domine as coisas e se recuse a permitir que as tarefas se acumulem. Tome uma atitude sobre qualquer novo problema que exija sua atenção e decida como você agirá o mais cedo possível — clicar no *link* que seu amigo lhe enviou por mensagem é uma prioridade agora? Aquele e-mail que você recebeu do seu banco é importante? Qual é a maneira mais rápida de lidar com o fato de que acabou o leite?

As pessoas ocupadas às vezes podem agir contra si mesmas: ficam tão confusas que acabam adiando tarefas importantes que se tornam tarefas críticas, o que lhes causa muito mais estresse do que se tivessem lidado com elas rapidamente assim que apareceram.

MÉTODO DE EISENHOWER

Como o método descrito pode ter convencido você, um bom gerenciamento de tempo se resume, em algum ponto, a conhecer as próprias prioridades e permitir que esse conhecimento guie suas ações e definição de metas. O método a seguir é ótimo para bombeiros, perfeccionistas e mártires, pois nos obriga a realizar uma tarefa com eficiência quando não temos tempo ou recursos para realizá-la adequadamente.

Pensar demais se resume a conciliar muitos compromissos com muito pouco tempo ou recursos. Isso causa estresse, que alimenta o pensamento excessivo. Se não é possível evitar esse estresse em relação ao tempo, com certeza podemos mudá-lo ou nos adaptar. Infelizmente, vários de nós temos muito o que fazer em pouquíssimo tempo. A técnica urgente/importante de Dwight Eisenhower, ex-presidente dos Estados Unidos, pode ajudar e permitir a você distinguir o que realmente importa do que está apenas atuando como uma distração.

- **Importantes** são aquelas tarefas cujo resultado nos aproxima de nosso objetivo.

- **Urgentes** são aquelas tarefas que precisam de atenção imediata, muitas vezes porque não fazer isso pode acarretar numa penalidade.

Essa distinção é o que geralmente falta na mentalidade de um bombeiro, já que eles verão como urgentes *todas* as tarefas, mesmo quando não são. Você pode iniciar a técnica listando as tarefas e atividades à sua frente, para o dia ou para a semana. Depois atribua a cada tarefa um dos quatro rótulos possíveis:

- Importante e urgente;
- Importante, mas não urgente;
- Não importante, mas urgente;
- Não importante e não urgente.

Em seguida, classifique essas tarefas, na ordem dada anteriormente.

- Para tarefas importantes e urgentes: *agir imediatamente*. Essas são a sua prioridade. É uma boa ideia reservar algum tempo todos os dias para imprevistos, mas reavalie se houver muitos e tente pensar sobre como você poderia ter se planejado para eles.

- Para tarefas importantes, mas não urgentes: *decidir quando tratar delas*. Essas são as tarefas essenciais para seus objetivos de longo prazo, mas não há necessariamente uma grande pressão de que você as execute agora. Coisas como fazer atividade física todo dia, organizar seu orçamento, nutrir relacionamentos etc. devem ser feitas com diligência, mas você pode ser um pouco flexível sobre *quando* agir. A última coisa que você quer é que elas se tornem urgentes, então aja antes disso. Tente agendar atividades de rotina para que você não precise realmente pensar nelas. Por exemplo, uma corrida matinal, uma sessão de orçamento todo domingo à noite ou uma ligação semanal para sua mãe.

- Para tarefas não importantes, mas urgentes: *tentar delegar*. Essas são as coisas que pressionam você, mas não enriquecem sua vida ou o aproximam de seus objetivos. É melhor, se possível, reagendar ou delegar a fim de dedicar tempo a coisas que realmente se relacionam com seus objetivos. Estabeleça limites claros e diga "não" a compromissos desnecessários.

- Para tarefas não importantes e não urgentes: *excluir*! Não há necessidade de perder tempo ou esforço com essas coisas; apenas ignore ou siga em frente o mais rápido possível e tente reduzir sua frequência no futuro, se puder. Coisas como distrações inúteis na internet, baixarias na TV, jogos e redes sociais alienantes podem se enquadrar nessa categoria.

Vamos ver como podemos aplicar essa abordagem à vida cotidiana. Marcos administra uma empresa pequena, mas que está crescendo rapidamente. Ele parece estar ocupado o tempo todo. Para controlar os níveis de estresse, ele se compromete a se tornar mais consciente de seus hábitos atuais de gerenciamento de tempo, das tarefas que surgem e de como o método Eisenhower pode simplificar tudo.

De manhã, ele se senta e escreve uma lista de tarefas do dia. Ele anota tudo o que está passando por sua mente, desde os itens preocupantes até os mínimos e mundanos detalhes no cantinho da mente. Em seguida, ele percorre a lista e rotula cada item de 1 a 4, assim:

1. Importante e urgente: agir imediatamente
2. Importante, mas não urgente: agendar a ação
3. Não importante, mas urgente: delegar
4. Não importante e não urgente: excluir ou ignorar

Uma das tarefas é responder a um e-mail de uma instituição de caridade local que pergunta se ele estaria interessado em patrocinar um evento. Essa mensagem chegou no início da manhã e até tinha o título "Favor responder com urgência" no cabeçalho. Marcos pensa por um momento: "Responder a esse e-mail é *importante?*" Em outras palavras, essa ação o ajuda a se aproximar de seus objetivos? Visto que o principal objetivo comercial é começar a expandir seus negócios nos próximos seis meses, a resposta, claramente, é "não".

Isso não quer dizer que a caridade em si não seja importante para Marcos como pessoa, ou que não tenha valor ou não seja importante para outra pessoa. Também não se trata da validade do pedido. Em vez disso, trata-se de prioridades e escolha deliberada de onde focar. Marcos se pergunta, então, se a tarefa é *urgente*. Ele sofrerá alguma consequência por não responder a esse e-mail rapidamente? A resposta também é "não".

Ele logo decide o que fazer com essa tarefa: delegá-la a seu assistente, dando-lhe instruções para recusar ou adiar educadamente o pedido.

Em seguida, ele considera a tarefa de entrar em contato com um novo investidor em potencial e marcar uma reunião. Essa pessoa estará na cidade apenas durante a semana seguinte, o que torna a tarefa urgente. A tarefa também é claramente importante, pois exercerá um impacto direto no objetivo final de Marcos. Ele escreve "1" ao lado e decide que essa será sua primeira tarefa naquele dia.

A avaliação do próximo item é um pouco mais complicada: participar de um treino de ginástica de 90 minutos. Isso é *importante*? Bem, essa atividade não aproxima Marcos do objetivo de expandir seus negócios diretamente. Por outro lado, ele também sabe que, quanto mais saudável e em forma estiver, mais energia terá para os negócios e melhor será seu humor de um modo geral. Então, isso é importante.

Mas é *urgente*? Na verdade, não. Ele tem de ir em algum momento, mas não há urgência. Ele escreve "2" ao lado desse item e o agenda para depois que terminar todas as suas tarefas de número 1. Marcos trabalha em toda a lista e descobre, com alívio, que um quarto dela foi cortado (isto é, as tarefas do tipo 4, que não são nem importantes nem urgentes) e todas as tarefas número 3 foram delegadas ou reduzidas.

Ele cria uma nova lista de tarefas, não apenas mais curta, mas também ordenada. Marcos lembra a si mesmo qual é o seu propósito final e se realinha com esse propósito, dedicando-se a ações que o aproximarão desse objetivo. Isso o deixa instantaneamente mais calmo, porque aumentou o seu controle da situação. Ele consegue evitar rapidamente as distrações inúteis e, ao mesmo tempo, dedicar toda a energia às coisas que importam de verdade. Para Marcos, *a maneira de ter menos estresse na vida não é trabalhar menos ou trabalhar mais, mas trabalhar de forma mais estratégica.*

Se Marcos *não tivesse* tentado essa técnica, ele poderia ter se distraído com o e-mail matinal da instituição de caridade e, então, ter parado para escrever e reescrever uma complicada resposta àquela mensagem. Talvez, então, fizesse uma pausa nessa tarefa antes mesmo de acabá-la (criando uma situação inacabada que se "pendura" nele e gera um leve estresse) quando se lembrasse de que precisava ligar para o investidor para marcar uma reunião.

Em pânico, ele ligaria para o investidor e teria uma conversa confusa, gerando mais estresse. Ele voltaria ao e-mail para finalizá-lo, junto com uma centena de outras coisas que viria procrastinando a semana toda. Ele logo perceberia que é melhor ir para a academia antes que o tempo acabe, mas passaria o treino inteiro se preocupando com a desconfortável ligação para o investidor, resultando em ainda mais estresse e um treino distraído e ineficiente. Ao fim do dia, Marcos se sente cansado e confuso, mas, na verdade, realizou *menos* do que teria realizado se estivesse mais focado e, ao mesmo tempo, trouxe mais estresse desnecessário para sua vida.

O uso dessa técnica não isenta você de agir com rapidez às vezes, assumindo responsabilidades ou adiando uma tarefa em favor de outra, mas coloca você no controle para priorizar e organizar essas tarefas, o que significa menos confusão e, portanto, menos ansiedade. Lembre-se: quanto mais no controle você se sentir, menor será a probabilidade de pensar demais ou analisar demais. Em vez disso, você usa o poder analítico do cérebro para conduzir uma espécie de "triagem mental". Antes que qualquer coisa ocupe espaço em sua cabeça ou agenda, avalie-a e pergunte se ela é (a) importante e (b) urgente. Só *então* você decide quanto de sua capacidade cognitiva e de seu tempo deve dedicar à situação.

Pode ser útil olhar uma tarefa e literalmente dizer a ela: "Vou tirar você da minha cabeça agora, porque você não é necessária para meus objetivos de longo prazo e não é urgente. Vou direcionar minha atenção para outra coisa." Ter essa determinação é um meio fantástico de acalmar os nervos.

Você pode usar essa técnica para avaliar sua organização geral ou em uma escala de tempo mais curta, com sua lista de tarefas diárias. Ao trabalhar nas tarefas, pergunte-se:

- Eu preciso mesmo otimizar aqui ou o melhor a fazer é simplesmente eliminar essa atividade?

- Essa atividade contribui para meus objetivos, satisfaz meus valores ou se ajusta à minha visão ideal de mim mesmo?

- Mesmo que eu precise resolver essa tarefa agora, preciso resolvê-la *completamente* agora? Qual parte dessa tarefa é de fato importante?

Às vezes, certas tarefas conseguem nos convencer de que são importantes e urgentes quando, na verdade, não são. Um amigo exigente e que desrespeita limites pode usar a culpa e a obrigação para convencer você de que a emergência dele também é a sua; sabe-se que os anunciantes costumam criar um falso senso de urgência, e até mesmo alguns aplicativos e ferramentas de produtividade se posicionam erroneamente como importantes quando, na verdade, são as mesmas distrações de sempre com uma cara nova. A boa notícia é que, quanto mais você se lembrar de *seus* objetivos, de *seus* valores genuínos e de *suas* prioridades, mais fácil tudo será e mais rápido você poderá detectar convites irracionais feitos à sua atenção.

DEFINIÇÃO DE METAS SMART

Você provavelmente já está um pouco familiarizado com o conceito de que boas metas são específicas e limitadas no tempo, isto é, as chamadas metas SMART.[1] No trabalho inspirador *The Power of SMART Goals: Using Goals to Improve Student Learning* [O poder das

---

[1] Em inglês, "esperto", "inteligente".

metas SMART: o uso de metas para aprimorar o aprendizado do estudante], Jan O'Neill explora as evidências por trás da relação entre metas claras e alcançáveis e sucesso mensurável. Ela e vários outros especialistas em educação comprovaram, mais de uma vez, que o foco necessário para definir metas concretas é o maior preditor de sua realização. O palestrante motivacional Tony Robbins é frequentemente creditado por dizer que o estabelecimento de metas é "o primeiro passo para transformar o invisível em visível" — em outras palavras, eles nos levam do potencial ao real.

Mas, quando se trata de pensar demais, podemos olhar para o estabelecimento de metas não apenas porque ele nos ajuda a ter sucesso, mas também porque muita ansiedade e ruminação vêm da incerteza, da falta de clareza e das possibilidades difusas. Por outro lado, quanto mais proativamente nos envolvermos com o desconhecido (ou seja, estabelecendo metas para moldá-lo), mais nos sentiremos no controle. Se alguém não tem clareza quanto ao próprio caminho e valores, é provável que se sinta sobrecarregado e ansioso, mesmo com baixos níveis de estresse; mas quem sabe exatamente o que quer e por que o quer pode cavar fundo e enfrentar enormes desafios e contratempos.

Sabemos que os objetivos podem eliminar o caos e a distração e trazer clareza e foco à nossa vida. Mas conhecer seus valores não torna você automaticamente bom em estabelecer metas. Você precisa tratar de definir metas que têm a maior chance de ser alcançadas. As metas SMART são um roteiro entre onde você está e o ponto a que deseja chegar:

- **S é de eSpecífico.** Essa característica, essencialmente, combate as distrações. Seja o mais claro possível. Não diga apenas o que vai acontecer, seja claro sobre o que vai fazer, em detalhes.

- **M é de Mensurável.** Uma boa meta pode ser medida ou quantificada. O resultado não é vago ou passível de interpretação. Responda à pergunta: "Como saberei que meu objetivo foi alcançado?"

- **A é de Atingível.** Isso significa que é uma meta realista para você, na sua situação. Uma meta deve nos desafiar a ir além, mas precisa ser possível e razoável.

- **R é de Relevante.** Essa meta realmente se relaciona com seus valores mais amplos? A meta menor se encaixa no objetivo maior e faz sentido no contexto dele?

- **T é de Tempo definido.** Estabeleça um prazo para quando a meta deve ser alcançada ou defina alguns limites de tempo. Metas definidas para "qualquer dia" nunca se concretizam.

Aqui está um exemplo de uma meta bastante ruim: "Quero me tornar mais saudável."

Aqui está a mesma meta escrita para satisfazer cada um dos critérios SMART: "Eu quero comer pelo menos cinco porções de diferentes frutas e vegetais diariamente (sendo uma porção de 80 g) em meu esforço para ter uma dieta melhor em geral, e quero manter isso todos os dias pelo restante do mês."

Nesse exemplo, a meta é específica (são cinco frutas e vegetais diferentes por dia), mensurável (80 g podem ser medidos), atingível (não é algo irreal), relevante (faz sentido para o objetivo mais amplo de uma dieta melhor) e tem tempo bem definido (tanto a curto prazo, porque a execução é diária, quanto a longo prazo, porque se estende até o fim do mês).

Claro que as metas SMART não alteram a dificuldade das tarefas à sua frente, mas elas *ajudam* você a moldar e definir sua visão de modo a poder agir com mais eficiência. Elas fazem você pensar com mais cuidado sobre o que de fato está fazendo e como. Muitos de nós embarcamos em missões sem muita noção dos detalhes e acabamos nos decepcionando quando o plano desmorona em pouco tempo. Com uma meta SMART, você está basicamente traçando uma jornada do presente para o futuro, e qualquer atividade terá melhores chances de sucesso quando se basear em um plano claro e lógico.

Pode parecer meio óbvio e sem graça escrever literalmente seus objetivos, mas experimente e você ficará surpreso com o grau de confusão presente em seu ponto de vista atual. Pergunte-se com honestidade se um objetivo vago e difuso está de fato trazendo mais estresse para sua vida. Será que isso pode estar criando mais pressão e tensão, sem realmente lhe dar uma sensação clara de como resolver essa tensão?

Defina melhor seus objetivos (ou, se eles forem completamente inatingíveis, largue-os de vez!) e você descobrirá que um foco claro, proativo e apropriado naquilo que importa o torna mais determinado a cumprir seu plano — e menos estressado.

MÉTODO KANBAN

A maior parte desses métodos compartilha um princípio fundamental: quanto mais informações você conseguir tirar da sua cabeça (ou seja, quanto mais organizado e eficiente você for), menos preocupações terá e menos sofrerá com excesso de pensamento. Kanban é um sistema visual para gerenciar fluxos de trabalho, mas você pode usar muitos dos princípios dele para aumentar sua produtividade pessoal. Essa é uma técnica que diz respeito ao fluxo de trabalho e como podemos melhorá-lo.

O método Kanban japonês se originou em um contexto industrial, uma forma de organizar fábricas de modo a obter nelas a máxima eficiência. Aplicado à vida pessoal, o Kanban é ótimo para analisar sistemas e processos que já estão em andamento e aprimorá-los. Observe, porém, que ele não pode ajudar você a identificar metas ou configurar sistemas; em vez disso, permite que você simplifique continuamente os sistemas já existentes.

Há quatro princípios fundamentais a serem lembrados:

1. Comece com o que você já está fazendo.
2. Faça mudanças constantes e graduais para melhor.
3. Respeite as regras e limitações atuais (pelo menos no início).
4. Pense em encorajar a liderança sempre que possível.

Para nossos propósitos enquanto indivíduos (já que não somos, digamos, uma fábrica da Toyota), o segundo princípio, de melhoria constante, é o que mais nos interessa. A ideia é levar você a ganhar mais através da busca de pequenos passos cujos efeitos se somam, em vez de tentar dar grandes (intimidantes!) saltos quânticos. No Kanban, você usa seis ações principais para moldar o fluxo existente, levando-o passo a passo em direção a algo cada vez melhor:

1. Visualize seu fluxo de trabalho. Seja literalmente a sua função ou alguma outra "tarefa" (escrever seu romance, fazer exercícios), coloque-a em um quadro para que você possa identificá-la visualmente, passo a passo. Use diferentes cores, símbolos ou colunas para classificar as etapas do seu processo. Lembre-se: quanto mais você puder colocar *fora*, menos você terá com que se preocupar *dentro*.

2. Evite obras em andamento. Isso é ótimo para os tipos "bombeiro" ou "mártir do tempo". Basicamente, não aceite ser multitarefa. Pegue uma coisa, dê-lhe toda a sua atenção, conclua a tarefa e depois comece a próxima. Isso reduz a

tentação de estar sempre pensando no que vem a seguir na fila (ou seja, pensar demais!). Não deixe inacabadas tarefas que possam estressá-lo e sobrecarregá-lo.

3. Gerencie o fluxo. Observe como sua atenção, tempo e energia estão fluindo de uma tarefa para outra. Você está perdendo muito tempo para se deslocar ou esperando? Você alterna entre tarefas com frequência, gerando aquela perda de tempo devido à constante necessidade de voltar ao fluxo? Veja onde você está perdendo tempo e torne seu processo mais suave. Pode ser algo tão simples quanto perceber que você pode realizar duas tarefas numa só viagem de carro, em vez de perder tempo e combustível fazendo duas viagens separadas.

4. Configure ciclos de verificação. No mundo dos negócios, isso é chamado de "falhar rápido e falhar com frequência", mas, na verdade, o que isso significa é que você precisa programar um tempo para poder verificar consistentemente como está indo, ajustar e repetir. Observe seu processo e seus esforços e veja se eles estão realmente funcionando (o que você pode fazer, porque definiu metas SMART, portanto, mensuráveis). Ciclos de verificação constantes acarretam melhoria constante.

5. "Melhore em coletivo, evolua experimentalmente." Esse conceito é um pouco menos aplicável à vida cotidiana, mas, em um ambiente não comercial, ele nos ensina a aplicar o método científico a tudo o que fazemos. Podemos estabelecer uma hipótese, testá-la e refinar nosso conhecimento constantemente, usando experimentos.

Embora tudo isso possa parecer um pouco abstrato para a pessoa comum que procura reduzir o excesso de pensamento, os conceitos são sólidos onde quer que sejam aplicados. Por exemplo, digamos que você se sinta sempre estressado com a preparação de refeições e as compras de supermercado, e fique estressado pela eterna pergunta sobre o que fazer para o jantar. Então você se senta e esboça visualmente o processo de compra de alimentos para sua casa, desde a aquisição dos itens na loja até o planejamento das refeições e a preparação de alimentos (e o *delivery* de emergência quando não há nada na geladeira).

Depois de visualizar esse processo, você identifica onde o fluxo não está funcionando e descobre que, na verdade, está jogando fora muita comida e, ao mesmo tempo, ficando sem nada na geladeira, o que causa estresse. Você decide gerenciar o fluxo implementando um novo sistema em que classifica os alimentos de acordo com a data de validade. Você tenta isso por uma semana e depois vê se (a) seu processo alimentar melhorou e (b) seu estresse diminuiu. Sabendo que o progresso gradual é o objetivo, você faz alguns ajustes e tenta novamente.

É verdade que, inicialmente, pode parecer que você está pensando *mais* sobre esse problema, mas aqui seus pensamentos não são ruminações inúteis que só fazem você se sentir mal; em vez disso, você está se capacitando a fazer mudanças, assumir o controle de sua vida cotidiana e descobrir o que realmente funciona. No fundo, você constrói ao seu redor uma vida perfeitamente projetada para diminuir o estresse de sua mente, ao invés de aumentá-lo!

Por fim, vejamos uma maneira inteligente de usar com eficiência o tempo que alocamos para cada tarefa, uma vez que consideramos como isso pode se encaixar em um processo maior.

BLOCOS DE TEMPO

Muitos de nós gastamos um tempo considerável todos os dias fazendo uma coisa: trabalhando. No entanto, é muito fácil perder tempo com reuniões, e-mails e "tarefas" que desviam sua atenção do que importa e incentivam o pensamento excessivo. O uso do tempo em blocos é ótimo para os "bombeiros", "procrastinadores" e "mártires do tempo" que desejam assumir o controle de seus horários de trabalho para reduzir o estresse. Essa técnica pode ajudar você a sair do modo reativo e distraído e evitar aqueles dias que parecem picotados, interrompidos ou caóticos.

Com esse sistema, você dedica determinados blocos de tempo em sua agenda a uma tarefa e apenas a essa tarefa, em vez de realizar várias coisas ao mesmo tempo ou alternar rapidamente entre uma coisa e outra. Ao planejar com antecedência, você não gasta tempo nem energia para tomar decisões sobre o que fazer e pode garantir que sempre começará com suas prioridades. O que se deseja é encorajar o "trabalho profundo" e chegar a uma concentração máxima naquilo que se está fazendo, ao invés de dar de uma atenção superficial a muitas coisas ao mesmo tempo. Isso não apenas é eficaz (ou seja, você faz mais em um espaço fixo de tempo), como é muito menos estressante e você pode obter mais do trabalho com menos esforço mental ou emocional.

O trabalho profundo é aquele relacionado a todas as suas tarefas "urgentes e importantes" e "importantes, mas não urgentes", enquanto o trabalho superficial é todo o resto — as tarefas que é melhor delegar ou eliminar. Um bom dia é aquele em que você gasta o máximo de tempo possível naquelas tarefas que genuinamente enriquecem sua vida e ajudam a alcançar seus objetivos, ao mesmo tempo que minimiza a quantidade de trabalho superficial a realizar e o potencial dele de deixar você estressado. Dividir o tempo em blocos pode refrear o impulso perfeccionista e lhe dar uma ideia mais realista de quanto tempo as tarefas realmente exigem.

- Comece perguntando o que você espera alcançar em um dia ou uma semana e em quais prioridades deseja focar. Isso guiará sua abordagem.

- Em seguida, observe as rotinas matinais e noturnas que deseja estabelecer no início e ao fim de cada dia. Por exemplo, você pode começar com um treino e meditação pela manhã e terminar com uma leitura relaxante ou um momento agradável com a família. Claro, tudo isso é definido de acordo com suas prioridades e valores (sem mencionar seus hábitos e rotina de sono/vigília pessoais).

- Então, comece pelos blocos das tarefas prioritárias, planejando-as para quando você souber que estará mais alerta e energizado. Esses blocos devem ser tão ininterruptos quanto possível.

- Em seguida, encontre um espaço para os trabalhos menos importantes e superficiais e programe-se para os momentos em que você não é tão produtivo.

- Claro, você precisará de um tempo, todos os dias, para aquelas tarefas que não consegue prever com exatidão, como responder a e-mails ou outras coisas que surgem no momento. Reserve algum tempo para lidar com elas para que não se acumulem a ponto de estressar você. Ter esse tempo definido também significa que você pode se sentir confiante ao ignorar as tarefas reativas fora da hora designada para elas.

- Analise sua agenda e experimente por alguns dias. Nada aqui é uma lei — veja o que funciona e mude o que não funciona.

Vejamos um exemplo. Maria definitivamente *não* é uma pessoa matinal — ela nunca entendeu como alguém consegue fazer o que quer que seja de manhã, muito menos às cinco ou seis da matina! Em vez disso, com o tempo, ela compreendeu que fica mais produtiva e alerta bem mais tarde, por volta de 13 horas. Ela sabe que, ao começar às 13 horas, ela tem uma forte dose de ânimo que se prolonga por duas ou três horas, então é nessa faixa do dia que ela separa o tempo para suas tarefas mais desafiadoras no trabalho.

Das 8 horas às 13 horas, porém, ela faz todas as coisas que exigem menos energia. Ela realiza tarefas de "administração da vida"; pratica sua atividade física diária; agenda reuniões e conversas; e resolve contas, compras e outras ninharias. Ela não se preocupa muito com a ordem na qual realiza essas tarefas, mas, quando o relógio bate 13 horas, ela fecha a porta, coloca os fones de ouvido e trabalha intensamente por duas horas seguidas, sem pausas e sem desculpas.

Após esse intervalo de tempo, ela começa a perder energia novamente. É nesse momento que ela conclui todas as tarefas de última hora, mas são coisas do tipo que não importa muito se ela tiver de adiar para outro momento. Pelo resto da noite, ela relaxa e depois dorme. Ela sabe que socializar tarde da noite altera completamente a agenda. Por isso, para aproveitar seu pico de energia natural, ela agenda os fins de semana para planos que envolvam ver os amigos e fazer passeios. Ela também sabe ajustar o padrão suavemente por uma ou duas horas no inverno, quando os dias são mais escuros e frios.

A princípio, ao tentar esse cronograma, Maria se sente um pouco culpada, como se estivesse se esquivando de suas responsabilidades no trabalho. Na verdade, sua rotina se mostra menos estressante *e* mais eficaz. Um trabalho que levaria quatro horas e meia, se fosse agendado para um horário difícil e no qual ela facilmente seria interrompida, leva apenas duas horas para ser feito durante o pico de energia, por exemplo. O que é pior: essas quatro horas e meia podem trazer quatro horas e meia de estresse para a vida de Maria, enquanto as duas horas de concentração e intensidade quase não são sentidas.

Quando as pessoas aplicam regras de blocos de tempo à vida real, muitas vezes ficam surpresas ao descobrir que *o que torna a vida estressante é, de alguma forma, também o que a torna mais produtiva*!

Muitas pessoas programam momentos de descanso e lazer deliberados e garantem que haja uma margem de manobra entre cada tarefa, por precaução. Você também pode querer ter um dia na semana dedicado a recuperar o atraso ou "transbordar" para não sentir que é tudo ou nada.

Lembre-se: sua agenda existe para ajudar você a manter o controle. Ela *não* controla você. Se algo não funcionar, ajuste. Experimente diferentes aplicativos de gerenciamento de agenda, calendários ou lembretes. Tente separar blocos de tempo mais longos ou mais curtos e até mesmo separe um momento, todos os dias, para parar e avaliar como se saiu e por quê. Com o tempo, sua agenda pode se tornar uma das ferramentas mais poderosas para reduzir o estresse; sem mencionar que pode tornar você uma pessoa muito, muito mais produtiva.

LIÇÕES APRENDIDAS

- Uma das maiores fontes de nossa ansiedade é a má administração do tempo. Tendemos a priorizar as coisas que nos deixam infelizes e nos recusamos a dedicar tempo suficiente às coisas de que realmente gostamos. É raro reservarmos tempo para lazer e relaxamento adequados, portanto devemos fazer isso com consciência, para melhorar nossos níveis de ansiedade. Algumas dicas a seguir são: fazer regularmente listas de tarefas, priorizar suas tarefas na ordem de sua verdadeira preferência e dividir os objetivos em metas menores.

- Existem também outras estratégias que podem nos ajudar a administrar melhor o tempo. Uma delas é chamada de técnica de processamento de interações de Allen. Segundo ela, as interações são qualquer estímulo externo. O que precisamos fazer é analisar e anotar como reagimos até mesmo aos menores estímulos, como ligações, e-mails etc. Em seguida, devemos planejar a melhor maneira de reagir, a partir do modo como já reagimos, para que possamos priorizar certos estímulos em detrimento de outros.

- Outra técnica útil é usar metas SMART. Essa sigla significa metas específicas, mensuráveis, atingíveis, relevantes e com prazo definido. Anote seus objetivos com detalhes específicos o bastante para que você saiba exatamente o que fazer. Em seguida, estabeleça critérios para medir como você saberá que alcançou essa meta. Certifique-se de que o objetivo é alcançável; ele não deve ser algo extravagante. Avalie quanto esse objetivo é relevante para seus valores e qual propósito de vida será alcançado através dele, uma vez que você o tenha cumprido. Por fim, defina um limite de tempo para concluir essa meta para que você faça isso dentro de um período razoável.

CAPÍTULO 4
Como encontrar o zen instantâneo

Se você fizer o esforço de estruturar e organizar seu tempo de acordo com seus valores e objetivos, naturalmente perceberá seus níveis de estresse tornando-se mais administráveis e uma diminuição no pensamento excessivo. No espaço em que sua mente costumava se encher de ruminação ansiosa, você pode começar a respirar um pouco e pensar nas ações deliberadas que gostaria de realizar, de acordo com o que é importante para você.

No entanto, não dá para planejar tudo na vida e não há como evitar o fato de que imprevistos podem acontecer — e acontecem. Às vezes, você é capturado pelo pensamento excessivo gerado pela ansiedade, apesar dos planos mais bem elaborados.

Neste capítulo, veremos maneiras práticas e imediatas de reduzir a ansiedade quando ela ameaça assumir o controle. As técnicas que discutiremos podem ser usadas tanto como uma espécie de prevenção diária quanto como uma solução imediata no momento da necessidade. Mas uma coisa é clara: o relaxamento é algo a ser praticado da mesma forma que qualquer outro bom hábito. Não dá para esperar que ele aconteça por si só. E não há razão para reservar essas técnicas para situações em que o problema já se instalou — ao contrário, podemos praticá-las a qualquer momento.

Quando você relaxa, a frequência cardíaca, a respiração e a pressão sanguínea caem, a digestão e os níveis de açúcar no sangue melhoram, você modera os hormônios do estresse no corpo, reduz a fadiga e as dores musculares e aumenta a concentração, o bom sono e a confiança. E tudo isso significa menos ansiedade e ruminação. Combinado com outras técnicas deste livro, o relaxamento é uma ferramenta poderosa para mitigar o estresse da vida.

Vamos considerar três técnicas principais aqui: *relaxamento autógeno, relaxamento muscular progressivo* e *visualização*. Como a técnica 5-4-3-2-1, esses três métodos funcionam porque encorajam sua mente a se fixar em um foco tranquilo e na consciência do corpo no momento, e não na tempestade de pensamentos em sua mente. Essas práticas podem ser feitas de uma maneira mais protocolar, com um profissional, ou você pode reservar algum tempo todos os dias para praticá-las em casa. Uma vez que esteja familiarizado com elas, no entanto, você disporá de uma coletânea de técnicas de administração do estresse que poderá usar sempre que necessário.

TREINAMENTO AUTÓGENO

De *auto*, que significa "de/a si próprio", e *genetos*, que significa "nascido" ou "originário", o relaxamento autógeno é aquele que vem de dentro de você. Combinando imagens visuais, respiração e consciência do próprio corpo, você constrói a sua calma. De certo modo, todas as técnicas deste livro são autógenas, porque dependem de sua capacidade de passar de um estado de estresse para um de calma relativa, trabalhando com os mecanismos antiestresse inatos do corpo.

Esse tipo de abordagem foi proposto na década de 1920 por Johannes Schultz, que também tinha interesse em hipnose e outras formas de relaxamento profundo. O treinamento autógeno destinava-se a induzir deliberada e sistematicamente esses estados de calma de corpo e mente, algo excelente para quem sofre de ansiedade. Um estudo publicado na revista *Asian Nursing Research* revelou que a resposta subjetiva ao estresse melhora muito quando os enfermeiros recebem treinamento de autogenia. Enquanto isso, uma pesquisa mais recente realizada por Rivera e colegas e publicada na revista *Frontiers in Psychology* em 2021 revelou que o treinamento em autogenia teve efeitos demonstráveis no gerenciamento do estresse durante a pandemia de covid-19 na Espanha.

Hoje existem centros de treinamento em relaxamento autógeno em todo o mundo (a maioria no Reino Unido, Japão e Alemanha) trabalhando a partir da pesquisa de Schultz, e você também pode buscar treinamento desse tipo por meio de um psicoterapeuta certificado. Mas você não precisa fazer nenhum treinamento formal ou estudar pesquisas para entender os seus princípios básicos. Trata-se de acalmar o sistema nervoso central, que é onde, biologicamente falando, a ansiedade e o pensamento excessivo têm sua origem. Em vez de assumir um papel reativo e impotente diante de pensamentos e sensações angustiantes, você aprende a controlá-los e direcioná-los, regulando seu próprio estado emocional *e* sua agitação fisiológica.

Existem seis técnicas principais que abrangem todo o corpo e mente, e as sessões formais duram cerca de 20 minutos. O "paciente" pode começar em uma posição confortável e o treinador usa dicas verbais para direcionar a atenção para a consciência das sensações corporais. Por exemplo, o treinador pode dizer cerca de cinco ou seis vezes "Estou completamente calmo", seguido de: "Meu braço direito está pesado"; "Estou completamente calmo"; "Meu braço esquerdo está pesado"; e assim por diante, repetindo essas dicas enquanto avança por todo o corpo ciclicamente. Esse processo é revertido ao fim da sessão, por exemplo, usando frases como "Meu braço está firme" e "Estou alerta" para despertar do relaxamento.

As seis técnicas ou "lições" usam dicas que promovem a consciência do seguinte:

- Peso
- Temperatura corporal
- Consciência dos batimentos cardíacos
- Consciência da respiração
- Consciência das sensações abdominais
- Foco na frieza da testa

Ao fim de cada sessão, o paciente terá aprendido não apenas a relaxar, mas também a controlar melhor sua percepção de estímulos de todos os tipos. Ao praticar essas técnicas, você desenvolve mais poder e controle sobre seu mundo interno. De fato, uma meta-análise realizada pela publicação *Applied Psychophysiology and Biofeedback* mostrou evidências da eficácia da técnica no tratamento de uma variedade de condições, desde hipertensão até depressão, asma, enxaqueca, ansiedade, fobias, dor, insônia e outras mais. Não há razão para que a prática regular não possa aliviar o estresse e a tensão comuns da vida diária e, ao mesmo tempo, aumentar a autoestima. Aqui está um breve guia de como tentar uma sessão por conta própria:

- Encontre uma posição confortável, sentado ou deitado; faça algumas respirações lentas e profundas e comece repetindo lentamente para si mesmo seis vezes: "Estou completamente calmo." Se você estiver fazendo a segunda "lição", por exemplo, pode se concentrar na temperatura corporal. Coloque sua atenção nas sensações de calor em seu corpo.

- Em seguida, repita, também seis vezes "Meu braço esquerdo está quente", seguido de seis repetições de: "Estou completamente calmo." Faça isso devagar e realmente se deixe envolver pelas sensações, diminuindo a respiração e concentrando-se apenas em seu corpo.

- Passe para o outro braço, ambas as pernas, peito e abdômen, alternando com: "Estou completamente calmo."

- Inverta o processo, dizendo "Braços, fiquem firmes", "Estou alerta" e assim por diante; finalmente, "Olhos, abram-se" ao encerrar a sessão. Toda a sessão deve levar de 15 a 20 minutos.

Toda vez que você tentar esse processo, concentre-se em uma sensação diferente, ou seja: seu peso, depois a temperatura do corpo, depois os batimentos cardíacos e assim por diante até passar por todas as seis. Depois de fazer isso, você pode combiná-las em uma única sessão, por exemplo:

- "Meus braços estão pesados."
- "Minhas pernas estão quentes."
- "Meu batimento cardíaco está calmo e regular."
- "Minha respiração está calma e regular."
- "Meu abdômen está relaxado."
- "Minha testa está agradavelmente fresca."

Durante todo o processo, o importante é que você não se apresse e mergulhe mesmo nas sensações. Não se apresse, sintonize-se para guiar o sentimento interno de calma que você procura. Sinta como seu corpo fica calmo quando você diz: "Estou calmo." Parece magia! É importante enfatizar aqui que o treinamento autógeno leva algum tempo para demonstrar todos os seus benefícios. Dedicação e comprometimento com os exercícios serão necessários.

No entanto, se você conseguir realizar o trabalho árduo, os frutos serão infindáveis, pois você terá dominado a arte de controlar os níveis de estresse por meio de um exercício simples, que pode ser feito a qualquer hora e em qualquer lugar. Você também conseguirá exercer algum controle sobre processos biológicos internos que geralmente estão além da nossa vontade, como batimentos cardíacos, temperatura corporal, pressão sanguínea etc. Tire alguns minutos de cada dia — várias vezes, se possível — e tente praticar esse processo regularmente. Em algum tempo, verá a eficácia disso para ajudar você a parar de pensar demais.

Se você se sentir atraído por essa técnica, pode querer verificar se existem profissionais ou cursos disponíveis em sua área que ajudem a ajustar os detalhes. Você também pode descobrir ferramentas *online* ou gravações de áudio que indicarão as várias etapas do processo, facilitando sua vida, se você for iniciante. Claro, também dá para criar um guia simples em áudio: basta gravar as instruções/deixas com pausas adequadas entre elas e ouvi-las a cada sessão.

Deve-se notar que existem alguns riscos associados à tentativa dessas técnicas por conta própria e sem a orientação de um profissional treinado. Em raras ocasiões, as técnicas podem fazer com que certas pessoas se sintam mais ansiosas ou deprimidas. No entanto, aqueles sem problemas agudos de saúde mental provavelmente podem tentar com segurança algumas técnicas simples inspiradas no treinamento autógeno. Além disso, não é aconselhável que as pessoas tentem o treinamento autógeno se sofrerem de diabetes ou problemas cardíacos. Alguns também experimentam um aumento acentuado ou diminuição da pressão arterial como resultado do treinamento autógeno. Se você tiver algum desses problemas de saúde, é altamente recomendável consultar seu médico na próxima vez que for visitá-lo e garantir que o treinamento autógeno seja seguro para você.

IMAGINAÇÃO GUIADA E VISUALIZAÇÃO

Mesmo sem tentar, você possivelmente realizou algum grau de visualização ao praticar o relaxamento autógeno, talvez imaginando que a calidez que estava sentindo era como um brilho vermelho nebuloso ao redor do corpo, ou que o peso de suas pernas era porque elas eram feitas de chumbo e estavam afundando em uma nuvem macia e fofa. Imagens mentais como essas funcionam para unir seu mundo mental e físico, alinhando sua consciência, seus pensamentos e suas sensações no momento presente. É como pegar a mesma máquina mental que normalmente nos estressa e faz pensar demais e conduzi-la a um lugar que nos acalma e nos equilibra.

Seu cérebro pode correr a mil quilômetros por hora e imaginar cenas estressantes que não têm absolutamente nada a ver com a realidade, mas seu corpo físico é mais lento e seus sentidos quase sempre lhe darão uma leitura precisa do ambiente, desde que você se sintonize neles com a devida sensibilidade. Usar a visualização nos ajuda a mudar de marcha, desacelerar e ter mais controle sobre um cérebro descontrolado.

A ideia não se limita à imaginação visual; quanto mais sentidos estiverem envolvidos, melhor. Use sua visão, sua audição, seu tato, seu paladar e seu olfato para imaginar um "lugar" reconfortante que estimula sentimentos positivos. Afinal, quando pensamos demais, já estamos fazendo o contrário: pintando um mundo hipotético angustiante em detalhes dolorosos e nos colocando dentro dele!

Essa técnica pode ser feita a sós, com um profissional ou com uma gravação de instruções orais (o que costuma ser chamado de "imaginação guiada"). Pode ser combinada com massagens, relaxamento muscular progressivo (falaremos disso em breve), técnicas de relaxamento autógeno ou mesmo algo como ioga. A ideia é familiar: se pudermos evocar uma cena relaxante internamente, podemos controlar nossa própria resposta ao estresse, a fim de nos sentirmos relaxados, em vez de deixar que o pensamento excessivo e o estresse nos desequilibrem. Vai um pouco além da mera distração, porque o que você está fazendo é reorientar sua consciência para sensações relaxantes e afastá-la das estressantes.

Seu corpo e sua mente trabalham juntos. Se você fechar os olhos e imaginar, com detalhes vívidos, um limão suculento e azedo, é inevitável que sua boca comece a salivar, mesmo que o limão não seja real. Com essa lógica, podemos usar a mente para nos comportar "como se" estivéssemos em um lugar calmo e relaxado... e nosso corpo segue, incapaz de distinguir entre o cenário real e o *imaginado*. Se você praticar a visualização no dia a dia, também treinará sua resposta a uma deixa que poderá usar, sem demora, para acessar outras vezes esse estado mental, voltando ao seu "lugar feliz" sempre que precisar.

E uma revelação em si: não estamos sujeitos aos caprichos de nosso corpo ou à agitação aleatória de nossa mente, mas podemos *consciente e deliberadamente moldar o estado da nossa mente*. E, quanto mais praticarmos, mais habilidosos nisso poderemos nos tornar. Na meditação, cultivamos a consciência e entramos no momento; com a imaginação guiada e a visualização, fazemos o mesmo, mas, uma vez que nos afastamos dos pensamentos estressantes, podemos direcionar nossa atenção para um objeto à nossa escolha. Meditação e visualização podem funcionar maravilhosamente juntas.

O melhor da visualização é que você já tem tudo o que precisa para começar. Você pode praticá-la em qualquer lugar pelo tempo que quiser e quantas vezes quiser. Sua imaginação é literalmente o único limite. No entanto, essa é uma técnica que a princípio requer paciência e dedicação, e, à medida que pega o jeito, você precisa encontrar um lugar e um intervalo em que não seja interrompido ou distraído.

Em 2018, Jessica Nguyen e Eric Brymer publicaram achados de sua pesquisa em um artigo intitulado *"Nature-Based Guided Imagery as an Intervention for State Anxiety"* [Imaginação guiada baseada na natureza como intervenção para o estado de ansiedade]. Eles descobriram que imaginar cenas belas e pacíficas da natureza causava um efeito profundo no bem-estar e diminuía a resposta ao estresse mais do que visualizar imagens mais urbanas ou neutras. Embora você não *precise* imaginar florestas serenas ou belíssimas paisagens oceânicas, a pesquisa parece sugerir que acessar imagens do mundo natural traz benefícios mensuráveis. Além disso, é uma ótima solução para aqueles que se encontram presos em ambientes fechados.

A técnica consiste, em geral, do seguinte:

- Assuma uma posição confortável e relaxe a respiração; concentre-se e feche os olhos.

- Imagine, com calma e o máximo de detalhes possível, um lugar de sua escolha, contanto que esse lugar faça você se sentir feliz, calmo ou energizado. Você pode escolher uma floresta agradável e misteriosa, uma praia, um poltrona confortável ao lado de uma lareira em uma biblioteca ou até mesmo um belo palácio de cristal em um planeta roxo distante (a imagem é sua, faça o que quiser!).

- Enquanto você imagina os detalhes desse lugar — o cheiro, as cores, os sons, até mesmo as sensações táteis e gustativas —, invoque também o sentimento que você procura. Pode ser calmo e feliz, talvez feliz e contente. Imagine-se no lugar e veja-se sorrindo ou sentado calmamente em algum canto.

- Você pode criar uma pequena história para si; talvez você se banhe em uma fonte brilhante que lava o estresse ou converse com um anjo amigo, ou mesmo se imagine colhendo uma braçada de lindas flores. Não tenha pressa; passe pelo menos 5 ou 10 minutos nesse lugar.

- Assim que se sentir pronto, saia suavemente de sua imagem, abra os olhos e alongue-se um pouco. Você pode incluir um elemento de fechamento na própria imagem. Por exemplo, você pode imaginar que duplica a cena como se ela fosse uma pintura e a coloca no bolso para acessá-la mais tarde. Diga a si mesmo que você sempre pode voltar ali quando quiser.

Assim como nas técnicas autógenas, é bom que você se concentre em seu estado emocional; tente dizer coisas como "Sinto-me calmo e contente" ou qualquer mantra à sua escolha, ou combine sua imaginação guiada com um foco nas sensações de calidez e peso. Por exemplo, você pode concentrar sua atenção em cada um de seus membros enquanto representa, na imaginação, o estresse e a preocupação como pequenas bolhas que saem de você e flutuam para longe. Ou você pode identificar a sensação de frescor em sua testa com a de estar em um lindo riacho refrescante onde você sente a água no corpo e se concentra em como ela é reconfortante e agradável.

A imaginação guiada não apenas ajuda a reduzir os níveis de ansiedade, mas também a acessar a sabedoria que mantemos em um nível subconsciente. A técnica é tão simples, mas eficaz, que está sendo cada vez mais incorporada como uma forma complementar de tratamento psicológico junto com as técnicas convencionais. Mesmo pessoas que sofrem de problemas sérios, como estresse pós-traumático, abuso, depressão etc., descobriram que essa técnica ajuda a reduzir o estresse e o torna mais fácil de administrar.

Se você tende a pensar demais, analisar demais ou ficar ansioso, lembre-se de que essa técnica consiste mais em uma brincadeira do que em trabalho. Não pense sobre como sua visualização *deve* ser; ao contrário, relaxe e deixe sua imaginação se divertir, criando um mundo exatamente como você gosta.

Como dissemos, pode demorar um pouco para pegar o jeito. Isso ocorre principalmente porque as histórias que você mesmo cria precisam ser detalhadas o bastante para serem tão relaxantes quanto possível. Você pode descobrir que, embora considere que se preocupa em excesso, seus pensamentos a esse respeito são surpreendentemente planos e vazios e, na verdade, carecem de cores vivas e profundidade.

Se você perceber que está tendo pensamentos vagos e incorpóreos, tente trazê-los de volta aos sentidos. Não se limite a *pensar* em "calma", mas tente *se sentir* calmo de verdade, com sua mente atenta aos seus sentidos. Que cor é calma? Que textura sob seus dedos é calma? Como ela se parece, cheira e soa? Que ações, símbolos e histórias acompanham esse conceito para você?

A atividade pode parecer um pouco estranha e confusa no início, e você pode ter dificuldades em mergulhar totalmente na imagem mental. Para facilitar as coisas, algumas pessoas se imaginam ao lado de um "guia sábio" que faz o trabalho de conduzi-las a um lugar relaxante, em vez de terem de fazer isso elas mesmas. Independentemente de como você faz, a imaginação guiada é muito semelhante à auto-hipnose, pois ajuda a atingir um profundo relaxamento, que deixará você em um estado de espírito muito mais positivo do que quando começou.

RELAXAMENTO MUSCULAR PROGRESSIVO

Por fim, vejamos mais uma técnica poderosa: o controle deliberado e consciente dos músculos. O estresse prolongado traz consigo a reação de lutar ou fugir, quando o cérebro alerta o corpo para liberar uma cascata de neurotransmissores e hormônios que preparam o corpo para se defender ou escapar. Um efeito desses hormônios é o tensionamento dos músculos, e é por isso que quem sofre de estresse crônico pode sentir dores, rigidez muscular e dores de cabeça por tensão.

Aqueles que sofrem de transtorno de ansiedade social são particularmente propensos a enrijecer os músculos em razão do estresse, e talvez não estejam cientes disso. Lembre-se de que o corpo e a mente são uma coisa só. Quando você pensa demais, seu cérebro fica encharcado de atividade eletroquímica, que então surte um efeito biológico em seu corpo por meio dos mensageiros fisiológicos, os hormônios. Isso faz com que o corpo fique tenso e contraído.

Talvez você tenha notado que pensa demais, mas como isso se manifesta fisicamente, refletido em seus tecidos e órgãos? Ou no trato gastrointestinal? Quando nos estressamos, todo o nosso corpo responde; o estresse não é algo que acontece apenas dentro do cérebro. Pessoas que pensam demais podem estar um tanto desconectadas de seus corpos e, por exemplo, nunca perceber que sua ansiedade e sua dor crônica no ombro ou bruxismo são, na verdade, o mesmo problema. O cérebro está tenso, assim como os músculos do corpo.

Mas esse assunto fica ainda mais interessante. Um estudo de 2017 publicado no *Chronic Stress* foi intitulado *"Chronic Pain and Chronic Stress: Two Sides of the Same Coin?"* [Dor crônica e estresse crônico: dois lados da mesma moeda?]. Os resultados da pesquisa sugeriram que tanto a dor muscular quanto o estresse crônico compartilham uma causa-raiz: a incapacidade de moderar pensamentos, emoções e memórias negativas, interrompendo, portanto, o equilíbrio geral. Em uma inspeção mais detalhada, o transtorno de estresse pós-traumático (TSPT), a depressão e dores musculares contínuas foram vistos como sintomas independentes de uma condição maior mediada pelo eixo HPA. O estresse pode nos fazer literalmente contrair nossos músculos, causando dor, mas também pode interferir em nossa *percepção subjetiva* da dor.

Podemos aliviar ambos os tipos de tensão e desregulação com relaxamento muscular progressivo.

Além do alívio da tensão muscular, o relaxamento muscular progressivo traz outros benefícios: melhor saúde digestiva (existe uma forte ligação entre tensão mental e espasmo muscular no trato gastrointestinal) e pressão arterial mais baixa.

O relaxamento muscular progressivo consiste em assumir o controle de seus músculos para deliberadamente descontraí-los e relaxá-los, bem como aumentar sua consciência dessas sensações e seu grau de controle sobre elas. Os médicos há muito observaram que um músculo fortemente contraído e, em seguida, relaxado tende a liberar a tensão e ficar mais distendido do que estava antes de ser contraído. Isso pode parecer contraintuitivo, mas você pode alcançar estados mais profundos de relaxamento muscular quando começa por uma contração deliberada, em vez de apenas tentar relaxar um músculo que já está estressado.

Na década de 1930, Edmund Jacobson sugeriu que, se alguém está fisicamente relaxado, não pode deixar de estar *mentalmente* relaxado também. Ele propôs técnicas de relaxamento muscular para serem praticadas por cerca de 10 ou 20 minutos diários. Essa prática pode ser facilmente somada a uma rotina de meditação, no fim ou início de uma série de exercícios ou como parte de sua rotina de relaxamento todas as noites antes de dormir, talvez combinada com alguma visualização, anotação em diário, leitura suave ou mesmo oração ou música.

A técnica é simples:

- Mantenha-se em uma posição confortável, de preferência com os olhos fechados, e concentre-se em uma parte do corpo por vez, primeiro tensionando o músculo o máximo que puder e, em seguida, liberando a tensão completamente antes de passar para a próxima parte do corpo.

- Comece com as extremidades mais distantes, como os dedos das mãos e dos pés, depois se dirija para dentro, terminando com o abdômen e o peito e, finalmente, os pequenos músculos do rosto e a superfície do couro cabeludo. Você também pode começar na cabeça e ir descendo, se isso for melhor para você.

- Inspire e contraia o músculo o mais forte que puder contando até cinco ou dez; expire completamente, soltando todo o ar dos pulmões de uma só vez. Observe qualquer diferença nas sensações do músculo (um pouco de imaginação guiada pode ajudar; imagine espremer a tensão de seus músculos como uma esponja).

- Termine com algumas respirações profundas e um alongamento; observe como você se sente. Essa técnica não apenas ajuda a relaxar fisicamente, mas também melhora a consciência corporal, ensinando você a prestar mais atenção a onde o estresse está se acumulando no corpo. Você pode até descobrir com o tempo que sua intuição sobre sua saúde geral melhora à medida que você "lê" seu corpo mais de perto.

Você precisa tensionar diferentes partes do seu corpo de maneiras diferentes. Enquanto áreas como bíceps, braços, mãos e coxas podem ser cerradas, áreas como os ombros precisam ser encolhidas, com sua elevação brusca em direção às orelhas. Sua testa pode ser enrugada em uma carranca profunda, enquanto seus olhos devem ser bem fechados. Em seguida, para tensionar os maxilares e os músculos faciais, você precisa dar o maior sorriso possível. Seu estômago ficará tenso se você o puxar em um "nó" apertado, enquanto suas costas precisam ser arqueadas acentuadamente. Isso pode parecer muita coisa para lembrar, mas, depois de tentar algumas vezes, você começará a tensionar os músculos corretamente sem nem pensar.

Praticar o relaxamento muscular progressivo com frequência traz uma série de benefícios além de apenas reduzir seus níveis de ansiedade. Pode melhorar a qualidade do seu sono, aliviar dores no pescoço e na região lombar, diminuir a ocorrência de enxaquecas e prevenir outros problemas de saúde.

Treinamento autógeno, visualização e relaxamento muscular são, de certa forma, variações do mesmo tema: você precisa aprender a assumir o controle da direção de sua percepção consciente e guiá-la em direção ao seu corpo, ao momento presente e aos dados recebidos por seus cinco sentidos, afastando-a da ruminação estressante e do excesso de pensamento. O domínio mental e emocional vem do aprendizado gradual de que *você está no controle* não apenas de seus pensamentos, mas também de suas emoções e de seu corpo físico.

ADIAMENTO DA PREOCUPAÇÃO

Uma técnica decisiva (e surpreendentemente simples) para frear a espiral de ansiedade e preocupação é chamada de adiamento da preocupação. Na verdade, você nem precisa sofrer de ansiedade para se beneficiar dessa que é uma ótima técnica geral de gerenciamento de estresse. Um pouco como fazer um orçamento de estresse.

Um estudo randomizado conduzido por Anke Versluis, da Universidade de Leiden, apoiou a ideia de que você não precisa vencer completamente a preocupação; basta fazer um acordo consigo para não se preocupar logo de cara. A pesquisa se concentrou na tendência das pessoas de relatar "queixas subjetivas de saúde", mas a ideia pode ser aplicada a muitas outras formas de ansiedade e ruminação. De acordo com as descobertas de Versluis, o adiamento da preocupação é uma maneira eficaz de colocar uma distância objetiva entre uma pessoa e seus pensamentos angustiantes, bem como praticar um grau de metacognição, o que pode reduzir a ansiedade geral e o pensamento excessivo.

Mais uma vez, vemos a diferença entre afastar-se, evitar e lutar ansiosamente contra pensamentos indutores de estresse e dominá-los com calma e encará-los de frente com consciência.

Pensamentos que envolvem ansiedade e preocupação são meio que pegajosos. Eles têm uma natureza intrusiva. Uma vez que um pensamento ameaçador ou negativo surge em sua cabeça, parece difícil mudá-lo ou ignorá-lo. Você pode se distrair rapidamente porque seu cérebro pensa "Ah, é nisso que eu *realmente* deveria estar prestando atenção!", e assim, sua atenção e foco são desviados do momento presente.

Então, o que está acontecendo de verdade é que as preocupações estão controlando você, ao invés de você controlá-las. Um pensamento estressante surge, estala o chicote e você obedece na hora. O erro que cometemos é pensar que, se um pensamento negativo aparecer, não há outra opção a não ser o focar. Você se lembra do viés de negatividade do nosso cérebro e do nosso *software* de processamento de informações que literalmente evoluiu para amplificar as más notícias? Essa característica nos leva a ver aquilo que nos ameaça e assusta como o assunto que sempre tem precedência.

Agora, se a preocupação for "Será que esse tigre à minha frente vai tentar me comer?", então, obviamente, priorize tratar dela. Mas a preocupação costuma ser algo como "Será que Jenny acha minha apresentação uma droga?" ou "E se ladrões vasculharam meu lixo e descobriram aquele diário que joguei fora por acidente, e agora todo mundo no FBI sabe dos meus segredos terríveis?". Em outras palavras, damos a esses pensamentos uma prioridade que não devíamos mesmo dar.

Adiar a preocupação não é dizer que você vai erradicar por completo as preocupações (sim, todos nós as temos, mesmo as pessoas não ansiosas). É apenas dizer que você vai colocar as preocupações no devido lugar. Em vez de se dedicar com toda a sua atenção toda vez que alguma ideia ansiosa surgir na cabeça, você a faz esperar. *Você* decide aonde sua consciência vai. Você não permite que qualquer coisa a distraia ou interrompa seu foco.

O adiamento da preocupação é exatamente o que parece; uma escolha deliberada de *adiar a* preocupação para outra ocasião. Isso é diferente de dizer que você não vai se preocupar — porque você vai. Trata-se mais de assumir o controle e gerenciar sua preocupação, decidindo proativamente quanto impacto você deseja que ela tenha em sua vida. No momento, aquela preocupação pode parecer tão urgente, tão importante e tão inegociável, que você volta cada fibra do seu ser para esses pensamentos e sentimentos. Mas, na verdade, você tem uma escolha.

Alguns estudos descobriram que, de fato, é nossa *percepção negativa* da preocupação, e não a preocupação em si, que leva à ansiedade. Na edição de 2010 do *Journal of Experimental Psychology*, Adrian Wells explica como a "metapreocupação" — ou a avaliação negativa da preocupação comum — pode realmente levar a transtornos de ansiedade generalizada mais sérios. Assim, quando patologizamos e resistimos à nossa própria preocupação, nós essencialmente a entrincheiramos e a tornamos um problema maior do que ela é. O adiamento da preocupação contorna isso, dizendo: "Sem problema. Você pode se preocupar o quanto quiser; preocupar-se não é proibido. O que você não pode é se preocupar *agora*." Isso por si só pode ter o efeito de dissolver tanto a preocupação quanto a metapreocupação (ou seja, preocupação com a preocupação).

O adiamento da preocupação pode ser feito de algumas maneiras diferentes, mas consiste em estabelecer limites deliberados e conscientes para a preocupação, algo como desenhar uma pequena cerca em volta dela.

Um método é limitar o período no qual você se preocupa. Por exemplo, você vai para a cama à noite e se prepara para dormir, mas seu cérebro muda na hora para o modo de preocupação e traz à tona mil coisas que deseja discutir. Você diz a si mesmo: "Tudo bem. Eu posso me preocupar com isso, e eu vou. Mas não vou fazer isso *agora*. Vou agendar um horário específico para me preocupar com isso mais tarde. Digamos, amanhã às 10 horas. Antes desse período, não vou perder um único segundo pensando sobre isso."

E então você faz isso. Se sua mente vagar por aqueles pensamentos ultraimportantes de vida ou morte, você pode dizer a si mesmo com segurança que está tudo bem, que vai pensar nisso, mas não agora. Provavelmente, os assuntos com que você se preocupa não exigem resposta imediata; eles podem esperar. Na verdade, você estará mais descansado pela manhã e poderá dedicar todo o seu cérebro para a tarefa, se ainda desejar. Diga a si mesmo que você já fez tudo o que precisava fazer, a preocupação foi riscada da lista e não há nada pendente para fazer agora. Apenas durma.

Uma alternativa é limitar por quanto tempo você vai se preocupar. Assim, você se levanta da cama e diz a si mesmo: "Beleza, você quer se preocupar? OK, vamos nos preocupar, mas vamos fazer isso apenas por 5 *minutos* e depois vamos dormir." Programe um cronômetro, preocupe-se e pare. Você pode notar algumas coisas com qualquer uma dessas técnicas.

A primeira é que, se você atrasa a preocupação, muitas vezes deixa de querer se preocupar mais tarde. A segunda é que, mesmo quando você se permite algum tempo de preocupação, muitas vezes notará que seus níveis de ansiedade são exatamente os mesmos antes e depois da preocupação. Ou seja, o tempo de preocupação não fez nada para ajudar. Em ambos os casos, você está limitando e controlando o efeito que a preocupação tem sobre você e ensinando a si mesmo que você tem uma escolha e não está à mercê de pensamentos invasivos e perturbadores.

Praticar essa técnica requer preparação e treino. Defina um horário todos os dias para se preocupar de propósito. Escolha um momento em que não será perturbado e em que provavelmente estará em seu melhor estado de espírito. Experimente um pouco e não tenha medo de tentar algumas coisas diferentes antes de parecer certo.

No entanto, eu imagino o que você está pensando. Talvez esteja se perguntando: "Claro, parece bom, mas e se dessa vez eu realmente *precisar* me preocupar com alguma coisa? E se dessa vez for sério?" A preocupação aparecerá com algumas maneiras criativas e inovadoras de capturar sua atenção, e a natureza da preocupação é tal que você pode se convencer de que, se deixar de se estressar dessa vez, realmente acontecerá uma calamidade.

Bem, vamos bancar o advogado do diabo e imaginar que, às vezes, as preocupações, os medos e as ruminações são realmente muito importantes e precisam de atenção imediata. O que precisamos é de um método para distinguir essas situações do simples pensamento excessivo. Podemos nos perguntar: *"Será essa preocupação (1) um problema de verdade que (2) eu posso fazer algo para resolver agora mesmo?"*

Seja honesto. O problema deve ser objetivamente crítico, mas também possível de solucionar naquele exato momento. Digamos que há um assunto de trabalho urgente que está consumindo você por dentro. É de fato um problema real, mas digamos que seja tarde da noite e a pessoa com quem você precisa falar não esteja disponível até de manhã. Portanto, o problema é genuíno, mas você não pode fazer nada para resolver no momento. Digamos que seu filho esteja com febre, mas está bem, porém você pode levá-lo às pressas para o pronto-socorro para ser examinado. Esse é um problema que pode ser resolvido, mas não é um problema genuíno. Por fim, imagine que você esteja preocupado em que um cliente recente deixe uma avaliação negativa. Na realidade, isso não é um problema sério de verdade (nenhuma empresa jamais faliu devido a uma única crítica negativa) *e* não há nada que você possa fazer a respeito disso agora.

Mas e se for um problema sério e você puder agir naquele exato momento? Então aja.

Mas não se preocupe. Preocupação e pensamento excessivo são inúteis, principalmente quando o que é necessário é uma ação apropriada. Nesses momentos, você precisa se preocupar menos ainda, pois ter calma e clareza mental é o que vai ajudar você a ver a solução mais rápido. A menos que o pensamento ansioso seja genuinamente sério e você possa fazer algo sensato no momento, adie-o. Faça a ligação pela manhã, resolva o problema mais tarde ou simplesmente deixe de lado por um tempo.

Depois de decidir que não vale a pena se preocupar com algo, seja implacável. Imagine que sua mente é um cachorro na coleira e continue puxando-a de volta ao presente. Isso é mais fácil de fazer se você envolver todos os cinco sentidos para se ancorar no momento real e presente. Examine seu ambiente para ver se consegue listar três visões, três sons, três cheiros e assim por diante.

Quando chegar a hora da preocupação, observe se a urgência parece ter diminuído de alguma forma. Lembre-se de que o que antes parecia urgente não permanece assim. Veja com novos olhos as preocupações e ansiedades. Entre no modo de resolução de problemas e veja se o compromisso de tomar medidas úteis reduz sua ansiedade. Às vezes, a melhor coisa que você pode fazer por uma preocupação é trazê-la para o mundo real, transformá-la em um problema prático e então agir a respeito dela.

LIÇÕES APRENDIDAS

- Pode haver momentos em que você sente que sua ansiedade está atingindo um pico ou que ela está prestes a fugir completamente de seu controle. Nesses casos, você pode contar com algumas técnicas testadas e comprovadas para reduzir os níveis de estresse.

- A primeira dessas técnicas é o relaxamento autógeno. Com ele, procuramos obter controle sobre nossos pensamentos e nossas emoções por meio de seis exercícios diferentes. Para praticar a primeira técnica, encontre um lugar confortável para se sentar ou deitar. Em seguida, dê a si mesmo algumas deixas verbais como "estou completamente calmo" enquanto mantém uma respiração lenta e constante. Sinta as sensações em várias partes do seu corpo ao mesmo tempo que repete intermitentemente a mesma frase para si mesmo. Embora essa técnica leve algum tempo para ser dominada, ela é simples e pode ser feita em qualquer lugar a qualquer hora.

- A segunda técnica é chamada de imaginação guiada. Essencialmente, você encontra uma posição confortável e pensa em um lugar que estimule todos os seus sentidos, como cheiro, som etc., de maneiras agradavelmente estimulantes. Pode ser qualquer lugar, contanto que inspire seu relaxamento. Imagine-o com o máximo de detalhes possível, usando toda a sua imaginação.

- Em terceiro lugar, temos o relaxamento muscular progressivo. Essa técnica baseia-se na teoria de que o relaxamento físico leva ao relaxamento mental. Portanto, o objetivo é relaxar fisicamente os músculos depois de os tensionar. Também nesse caso, assuma uma posição confortável e vá da cabeça aos pés ou vice-versa, tensionando diferentes partes do corpo antes de relaxar e passar adiante.

- Por fim, o adiamento da preocupação é uma forma muito direta e eficaz de interromper a aceleração da ansiedade. Quando você perceber que está começando a se sentir ansioso, agende um momento preciso no futuro para se preocupar e, em seguida, traga sua mente de volta para o presente. É raro que possamos eliminar a preocupação de nossa vida, mas podemos *conscientemente* limitar a hora em que ela terá seu início e sua duração.

CAPÍTULO 5
Reconfigure seus padrões de pensamento

Nos capítulos anteriores, estabelecemos uma base para entender e sanar, de dentro para fora, o excesso de pensamento. Uma verdadeira administração do estresse, assumir o controle dos modelos e das atitudes mentais, criar mais relaxamento na vida e ser proativo no gerenciamento do próprio tempo são maneiras infalíveis de controlar o pensamento ansioso. Agora, neste capítulo, nos debruçaremos sobre os pensamentos em si.

Mente, corpo e emoções estão todos conectados e se influenciam mutuamente. Mas é provável que você já tenha percebido que, no caso da ansiedade, a mente desempenha o papel mais importante. É a maneira como pensamos, nossas estruturas mentais e nossa interpretação cognitiva interna do mundo que mais molda nossa experiência dele. Ao compreender isso, a terapia cognitivo-comportamental, ou TCC, tenta chegar à raiz da percepção que nossa mente tem do mundo e permite que as pessoas produzam pensamentos mais úteis e adaptativos.

Em uma enorme meta-análise publicada em 2018 na revista *Depression and Anxiety*, Joseph Carpenter e a equipe a ele associada verificaram que a TCC tendia a aliviar a ansiedade em geral (embora os resultados variem de acordo com o tipo de ansiedade sendo tratada). Um artigo de 2019 de Colette Hirsch e colegas publicado em *Frontiers in Psychiatry* revelou que 74% dos voluntários que sofriam de ansiedade sentiram-se recuperados após um programa de TCC. Mas e os 26% restantes?

Abordamos esse aspecto do problema do excesso de pensamento mais para o fim de nosso livro porque, para ser franco, as técnicas de TCC *não serão capazes de ajudar* se não tivermos uma compreensão adequada das ideias abordadas nos capítulos anteriores. Muitas pessoas descobrem isso da maneira mais difícil. Elas percebem que pensar demais é um problema, então passam a lidar com a questão no nível mental e cognitivo. Ignoram sua ingestão excessiva de cafeína, seu estilo de vida agitado, seus traumas não resolvidos e seu hábito crônico de dormir mal. Com as melhores intenções do mundo, embarcam em um programa de TCC que desmorona rapidamente, no mesmo instante em que atingem uma fase difícil ou entram numa reação em cadeia já conhecida.

Os pensamentos emergem do funcionamento eletroquímico do cérebro, e o cérebro é um órgão, parte do corpo físico. Quaisquer intervenções "vindas de cima" visando a corrigir o pensamento excessivo sob demanda precisam ser acompanhadas por intervenções "de baixo para cima", reconhecendo que o pensamento é uma expressão de nosso funcionamento biológico. Em outras palavras, é improvável que trabalhar apenas no nível dos pensamentos seja eficaz, a menos que você também considere todos os outros aspectos do quebra-cabeça do excesso de pensamento.

Dito isso, os padrões de pensamento negativo estão por trás de quase todo pensamento excessivo. Normalmente, o problema não é apenas a *quantidade* de pensamentos que passam pela sua cabeça, mas a *qualidade* deles. Afinal, muitas pessoas são extremamente perspicazes e pensam muito sem que isso necessariamente lhes cause angústia. Com a TCC, porém, você pode chegar à raiz dos pensamentos distorcidos e construir pensamentos melhores, ou seja, aqueles que ajudam a se movimentar pelo mundo com mais calma e senso de controle — e sem medicação.

Buckminster Fuller, embora não fosse um psicólogo, mostrou sua compreensão dos princípios da TCC quando disse: "Você nunca muda as coisas lutando contra a realidade existente. Para mudar algo, construa um novo modelo que torne obsoleto o modelo existente." Quando ruminamos e pensamos demais, tentamos mudar a realidade (ou nos preocupamos em mudá-la), mas, quando usamos técnicas de TCC, o que mudamos é o próprio modelo ou nossas formas de perceber.

A TCC é usada para tratar transtornos de ansiedade diagnosticados, como o transtorno do pânico, o transtorno obsessivo-compulsivo ou a ansiedade generalizada, mas podemos usar algumas das mesmas técnicas para controlar o estresse do dia a dia, especialmente se a fonte desse estresse são nossos próprios pensamentos.

Essa é a premissa subjacente da terapia cognitivo-comportamental: nossos pensamentos (não o mundo exterior) influenciam como vemos o mundo e como nos comportamos. Os pensamentos criam emoções que moldam nossa percepção e mudam nossas crenças sobre nós mesmos e como agimos. Quando mudamos nossos pensamentos, tudo o mais muda junto. Com o pensamento excessivo, por exemplo, um pensamento de raiz pode ser: "Toda falha é insuportável e eu sou uma pessoa má se falhar", o que significa que, quando você falhar, se sentirá péssimo e poderá mudar seu comportamento para nunca correr o risco de falhar de novo. No entanto, se o seu pensamento for "Fracassar é normal e não é o fim do mundo", então, quando você falha, sente-se um pouco decepcionado, mas se levanta e segue em frente.

Melhor ainda, se o seu pensamento for "Eu valorizo o fracasso como uma forma de aprender mais e ficar mais forte", quando você falhar, vai se sentir fortalecido e motivado e se esforçar ainda mais na próxima vez. O fracasso é sempre o *mesmo*, mas os pensamentos relacionados a ele são diferentes... e assim as emoções e o comportamento resultante também são diferentes. Portanto, vale a pena chegar à raiz desses pensamentos, dessas crenças e dessas expectativas e perguntar se eles levam ao tipo de emoções e comportamentos que você deseja ter. Caso contrário, eles podem ser alterados.

Nas seções a seguir, veremos como *identificar* os pensamentos que não funcionam para você, *desafiá-los* e *reestruturá-los* ou *substituí-los* por pensamentos mais úteis e precisos. Aprender esse processo é essencialmente uma habilidade de enfrentamento que ensina não apenas a entender sua ansiedade em um nível profundo, mas também a enfrentar e lidar com esses medos, em vez de permitir que eles controlem você. Pense nisso como o uso mais adequado de seus incríveis poderes cognitivos: em vez de pensar ansiosamente em círculos, você pode usar sua capacidade de análise, pensamento consciente e foco para melhorar ativamente as partes de sua vida que não estão dando certo.

DESVENDANDO SUAS DISTORÇÕES COGNITIVAS

Vamos começar com o processo de identificação de pensamentos e crenças prejudiciais, também chamados de distorções cognitivas. Talvez você nunca tenha pensado nisto antes: quão *precisos* são seus pensamentos sobre o mundo? Nós não enxergamos o filtro através do qual vemos a realidade, mas, na verdade, todos nós vemos o mundo por meio de um conjunto personalizado de expectativas, crenças, valores, atitudes, preconceitos, suposições ou ilusões absolutas. Um grande problema para os que pensam demais é a tendência de confiar em si mesmos! Simplesmente supomos que nossas avaliações, suposições e expectativas são exatas e agimos como se elas fossem fatos, ignorando por completo a etapa em que fornecemos nossa própria interpretação. Quais são suas distorções cognitivas mais comuns? (Sim, *você as tem*, como todos nós!)

Veja se você consegue reconhecer algumas de suas ideias e crenças nesses tipos comuns de distorção cognitiva:

- *Noção de tudo ou nada*. Trata-se do modo excessivamente simplista de pensar em preto e branco. Ou alguém está todo errado ou está todo certo, sem nenhuma área cinzenta no meio. Esse é um estado emocional decorrente de nossa reação de lutar ou fugir, e você o identificará na linguagem absolutista, que faz uso de palavras como *nunca, sempre, absolutamente, completamente* ou *nada*. Mas esse tipo de pensamento reduz a capacidade de conceder, a criatividade ou a percepção das nuances. Ele está associado ao desamparo, à depressão e à inflexibilidade. Quando um político diz "Ou você está conosco ou está contra nós" ou seu cérebro lhe diz "Faça isso direito ou tudo será arruinado para sempre", você está dando atenção à noção de tudo ou nada.

- *Supergeneralização*. Relacionada ao pensamento de tudo ou nada, no qual fazemos declarações gerais e abrangentes usando muito poucos dados, como, por exemplo, "todos os homens são iguais" ou "isso acontece o tempo todo", quando, na realidade, quem agiu de certo modo foi um homem específico, e o fato relatado aconteceu literalmente uma só vez. É compreensível que esse pensamento aumente os riscos e a ansiedade e torne os sentimentos perfeccionistas mais pronunciados. De fato, a pesquisa de 2017 de Kuru e colegas encontrou um padrão previsível de distorções cognitivas naqueles que sofrem de ansiedade social, e um dos padrões mais reconhecíveis foi a supergeneralização.

- *Personalização*. Essa é outra distorção comum àqueles que tendem a fazer avaliações desajustadas de situações sociais e, portanto, ficar ansiosos. Quando personalizamos, "levamos as coisas para o lado pessoal". Assumimos que somos os culpados por situações que, na realidade, estão fora de nosso controle ou assumimos alguma conexão significativa entre eventos aleatórios e quem somos como pessoa.

Por exemplo, alguém esbarra em nós em um bar e derrama bebida em nossa roupa, e presumimos que isso aconteceu conosco e mais ninguém porque essa pessoa deve ter uma implicância contra nós. Podemos ver um amigo próximo de péssimo humor e acreditar imediatamente que somos a causa, apesar de nenhuma evidência, ou podemos pensar que o fato de nosso filho estar indo mal na escola significa que somos péssimos pais. Como você pode imaginar, essa distorção é responsável por criar ansiedade e preocupação sem motivos concretos!

- *Internalização ou externalização*. Como explicamos certos eventos externos? Se assumirmos erroneamente que somos a razão por trás dos fenômenos, estamos internalizando. Por exemplo: "Meu pai e minha mãe se divorciaram porque eu não limpei meu quarto o suficiente." A autocensura e a baixa autoestima são o resultado, e nosso excesso de pensamento pode ter um sabor de autorrepreensão. Externalizar é ir longe demais e culpar os outros por deslizes que são nossos. Por exemplo: "Não é minha culpa que ela esteja chateada com o que eu disse; ela não deveria ser tão sensível." Ambas as distorções ignoram o arbítrio e levam a um sentido de inevitabilidade.

- *Favorecer o negativo e ignorar o positivo.* Isso é comum: podemos falhar em um teste entre cem, mas, quando dizemos "eu falhei", ignoramos os outros 99. Talvez vejamos o sucesso como um golpe de sorte ou um lance do acaso, enquanto um acidente genuíno é a prova de que somos maus ou de que coisas ruins *sempre* acontecem. Esse viés dá testemunho de nossas crenças fundamentais de que as coisas sempre serão ruins a tal ponto que nem vemos mais o que é bom.

- *Dedução pela emoção.* Nessa distorção cognitiva, acreditamos que, se sentimos que algo funciona de certa maneira, automaticamente presumimos que nossos sentimentos devem apontar para a verdade dessa coisa. Em outras palavras, "se eu sinto, deve ser verdade". Digamos que você passará por uma avaliação de desempenho no trabalho e suspeita que o resultado não será muito positivo. Embora você realmente não saiba como as coisas se darão, você presume que suas suspeitas estão corretas e se convence de que uma avaliação ruim pode levar a problemas e diminuir sua autoestima antes mesmo de saber o resultado real.

Essas não são as únicas distorções, mas algumas das mais comuns. Também existe o catastrofismo ("a única coisa que pode acontecer é o pior cenário"), a superstição ("talvez aquele corvo lá fora seja um sinal de que eu não deveria sair hoje"), a leitura da mente ("ele me odeia, eu sei porque sei"), a adivinhação ("tal coisa vai acontecer, eu sei porque sei") e o pensamento retrógrado (alguém com dois doutorados que ainda se comporta como se fosse uma criança ignorante de 5 anos).

Muitos de nós nos envolvemos ao mesmo tempo em múltiplas formas de distorções cognitivas. Por exemplo, se tivermos medo de que um parceiro tenha sido infiel, podemos presumir automaticamente que ele traiu (dedução pela emoção) e pensar que deve ser por causa de nossos próprios defeitos (internalização). Isso pode ser seguido por catastrofismo ou adivinhação: você pensa demais nas consequências de terminar e voltar à vida de solteiro. O truque é perceber, na mesma hora, quando você estiver preso a esse tipo de pensamento. Fique atento à linguagem forte e emotiva, palavras como "deveria" ou "devo", suposições infundadas ou qualquer esforço de sua parte para explicar ou justificar algo que, olhando bem, não é necessariamente cabível. Vejamos como capturar essas distorções quando elas aparecem.

O MODELO ANTECEDENTE, COMPORTAMENTO, CONSEQUÊNCIA (ACC)

Na década de 1970, Edward Carr e seus colegas realizaram pesquisas que demonstraram que muitos comportamentos problemáticos estavam logicamente ligados a um pequeno conjunto de antecedentes e consequências. Embora seu foco fosse a análise comportamental aplicada, o modelo foi aproveitado para estruturar o processo de mudança de comportamento individual — em nosso caso, pensamento excessivo, ruminação e preocupação. O modelo a seguir pode ajudar você a entender e identificar suas próprias distorções cognitivas, observando atentamente o que vem antes (antecedente) e depois de um comportamento (consequência) inspirado por um determinado processo de pensamento. O modelo ACC concentra-se principalmente nas ações e nos comportamentos, mas, como vimos, nossas ações são guiadas por nossos pensamentos e crenças.

- O *antecedente* é um gatilho que dá início a um comportamento. Por exemplo, toda vez que você está na praia, toma um sorvete, e toda vez que seu cônjuge se atrasa, fica com raiva e lhe *dá um gelo*. Um antecedente pode ser uma pessoa, uma palavra, um ambiente, um sentimento, uma situação, uma hora do dia ou uma combinação dessas coisas.

- O *comportamento* é o ato resultante do gatilho e pode ser útil ou não. Se você vai atrás de uma bebida toda vez que fica estressado no trabalho a ponto de chegar ao alcoolismo, isso obviamente é algo que não ajuda. Algumas ações são adaptativas e nos ajudam a lidar com as situações, enquanto outras prejudicam nossa produtividade e nos deixam pior, ou mesmo nos colocam em situações de perigo.

- A *consequência* é o resultado, bom ou ruim, do comportamento. Alguns comportamentos melhoram uma situação ou nos fazem sentir bem, outros são prejudiciais e inúteis. Normalmente, julgamos as ações como boas porque suas consequências são boas e vice-versa.

O objetivo de delinear essas três partes é perceber que elas estão realmente conectadas. Às vezes, não vemos como os pensamentos influenciam o comportamento e como esse comportamento afeta concretamente a vida. Às vezes, não vemos o que de fato está desencadeando nosso comportamento, mas, quando o vemos, podemos tomar medidas para evitar ou mitigar o gatilho, em vez de trabalhar diretamente no comportamento em si.

Você pode parar e dar uma olhada nas causas e efeitos de certos comportamentos? Você pode entender por que faz o que faz e se isso leva a consequências desejáveis? Inicialmente, você pode precisar coletar dados sobre seu próprio comportamento como um cientista faz e procurar padrões. Trace uma planilha com quatro colunas e liste os eventos para que você possa identificar A, B e C. Reúna dados por uma ou duas semanas ou até começar a notar padrões recorrentes. Por exemplo:

	ANTECEDENTE	COMPORTAMENTO	CONSEQUÊNCIA
Evento 1	Estar na loja de conveniência perto da hora do almoço	Comprar uma caixa de rosquinhas e comer todas no carro	Sensação de mal--estar físico e culpa
Evento 2	Aniversário do colega no escritório	Comer uma fatia grande de bolo	Sensação de mal--estar físico e culpa
Evento 3	Sentimento de tristeza após discutir com os filhos	Assaltar os biscoitos na despensa e comer meia caixa	Sensação de perda de controle

Nesse exemplo bastante simplificado, alguém pode perceber logo que não come demais por ser uma pessoa horrível e gananciosa (na verdade, esse sentimento é a *consequência* de comer demais), mas que come demais para lidar com o estresse ou porque estímulos ambientais estão desencadeando associações e comportamentos aprendidos (isto é, festa no escritório = hora de comer bolo).

Esse simples registro revela algumas coisas: que o comportamento, de fato, não ajuda, porque sua consequência é sempre negativa. Também sugere imediatamente um caminho a seguir: controle os gatilhos para evitar o comportamento.

Embora útil, essa técnica é mais adequada para comportamentos mais simples. Você pode precisar da ajuda de um profissional para desvendar tendências mais complexas ou misteriosas, especialmente se estiver introduzindo algum viés ou ideias equivocadas na análise em si.

Há duas partes no uso do modelo ACC: primeiro, você coleta dados para obter mais informações sobre os comportamentos presentes; segundo, toma medidas para reestruturar os gatilhos e as consequências, no objetivo de lidar com os comportamentos indesejados.

A mudança de comportamento é possível, mas leva tempo. Ela costuma funcionar melhor quando você adota uma visão global, ou seja, não apenas considera a organização que envolve seu comportamento, mas também os pensamentos que o sustentam. Quando se trata de pensar demais, podemos usar o método ACC, considerando especificamente quais pensamentos precedem, acompanham e seguem nossas ações e como nossos pensamentos influenciam essas ações.

Pode haver muitas consequências gratificantes que, inadvertidamente, cimentam o mau comportamento (por exemplo, sempre que você bebe demais em uma festa, torna-se o centro das atenções e recebe muita validação positiva de seus amigos). Olhando de perto, você pode começar a desvendar não apenas o comportamento, mas os pensamentos por trás dele. "Se eu bebo, as pessoas gostam de mim, então isso significa que, se eu não beber, as pessoas não vão gostar tanto de mim." Você talvez pudesse obter um razoável sucesso simplesmente parando de beber, mas talvez lidasse melhor com a ansiedade em torno desse problema com a bebida se reconhecesse as crenças e pensamentos centrais que mantêm o comportamento diante da bebida como está.

MANTENDO UM REGISTRO DE PENSAMENTOS DISFUNCIONAIS

Outra maneira de reduzir o pensamento excessivo e a ansiedade é lidar diretamente com os pensamentos desajustados, especialmente aqueles por trás de comportamentos que têm consequências que você não deseja em sua vida. Um "registro de pensamento disfuncional" é uma forma estruturada de reunir em um só lugar todos esses pensamentos automáticos, até mesmo inconscientes, para que possamos analisá-los e decidir se uma alternativa nos serviria melhor.

Da mesma forma que construímos uma planilha ACC antes, construa um registro de pensamentos:

Data e hora	Situação	Pensamentos automáticos	Emoções	Reação alternativa	Saldo

Faça uma anotação nesse registro toda vez que sentir uma forte emoção negativa. O registro o ajudará a fazer uma "necropsia" de pensamentos e sentimentos e descobrir o que estava acontecendo em sua mente naquele momento — o que é útil se você deseja fazer mudanças perspicazes e baseadas em dados.

- *Situação*: registre qualquer evento ou ambiente desencadeador que tenha ocorrido antes de certos pensamentos e sentimentos, assim como no caso dos "antecedentes". Pode ser uma memória, um pensamento, uma emoção, uma ideia ou um pequeno devaneio que fez você se sentir de uma certa maneira.

- *Pensamentos automáticos*: anote os pensamentos ou imagens que surgiram, bem como seu grau de crença ou aceitação deles.

- *Emoções*: exponha a emoção que esses pensamentos automáticos despertaram, bem como sua intensidade expressa como uma porcentagem.

- *Reação alternativa*: aqui, após o evento inicial ter passado, pense nas distorções cognitivas que você pode ter feito e se você poderia ter tido uma reação diferente e mais saudável.

Abordaremos essa coluna mais detalhadamente na próxima seção, sobre como desafiar e superar tais distorções.

- *Saldo*: preencha esse campo depois de identificar e retrabalhar os pensamentos e sentimentos originais. Reavalie como você se sente, quanto acredita nos pensamentos automáticos, a intensidade de seus sentimentos e como deseja agir.

Você também pode criar uma coluna adicional para as distorções cognitivas. Isso ajudará a reconhecê-las com mais facilidade ao longo do tempo e a observar a quais distorções você é particularmente propenso a se entregar. A hora de fazer suas anotações depende de você, mas tente anotar as emoções negativas logo que possível após ocorrerem.

Por exemplo, você talvez note, de repente, uma queda drástica no humor. Faz uma pausa e toma consciência disso, então verifica seu registro de pensamentos. Qual era a situação? Você notou que era uma da tarde, por volta da hora do almoço em casa. Você não imagina por que é que isso deveria desencadear uma emoção negativa até que se aprofunda um pouco mais e percebe que o pensamento "É hora do almoço" imediatamente o levou ao pensamento "Mas não coma demais como você sempre come, porque está ganhando peso".

Essa situação e o pensamento resultante levaram a uma sutil, mas inegável cascata de sentimentos negativos. Você nem estava ciente de que estava pensando nessas coisas até diminuir o ritmo e observar mais de perto. Surgem os pensamentos automáticos, do tipo: "Não importa quanto você reduza a comida, sempre vai engordar e engordar, e não há nada que possa fazer a respeito disso!" Examinando seus pensamentos, percebe que, apesar de ele ser invisível, você acredita plenamente nesse pensamento. É por isso que, na coluna da emoção, pode colocar "frustração", "apatia" e "autopiedade". Quem não se sentiria assim se acreditasse que nada do que faz poderá ter um impacto positivo na sua vida?

Para examinar as respostas alternativas, primeiro você fica curioso sobre quaisquer distorções cognitivas em que tenha caído: tudo ou nada, pensamento preto e branco e raciocínio emocional com uma forte dose de catastrofização e favorecimento do negativo.

Para neutralizar isso, você muda um pouco o pensamento para: "Comer de maneira saudável pode exigir esforço, mas estou sempre no controle de minha dieta e sempre posso melhorar."

Agora, da próxima vez que notar que está de mau humor na hora do almoço, você não ignora a causa e não permite que aquele pensamento distorcido original arraste sua vida, gerando cada vez mais pensamentos ansiosos e negativos à medida que cresce. Em vez disso, você o interrompe e pergunta se gostaria de se dedicar por algum tempo ao pensamento alternativo.

Essa atividade é especialmente útil quando você a combina com ação. Se você não chegou a explorar seu sentimento negativo em seu registro de pensamento, ele pode estar lá do mesmo jeito, influenciando seu comportamento. Você pode ter se sentido fatalista e ressentido com isso e decidiu comer demais no almoço — por que não, se é impossível perder peso de qualquer maneira? Por outro lado, se você conhece o gatilho e tem uma alternativa mais saudável à mão, pode usar isso para inspirar uma escolha diferente. Como você se comporta quando acredita em algo como "Estou sempre no controle da minha dieta e sempre posso melhorar"? É provável que faça escolhas mais saudáveis e conscientes.

Tanto o modelo ACC quanto o registro de pensamentos disfuncionais desempenham essencialmente a mesma função; um, no entanto, concentra-se nos comportamentos, e outro, mais nos pensamentos e sentimentos por trás deles. Dependendo de sua situação particular, você pode usar um ou outro ou tentar uma combinação dos dois para obter uma visão mais rica sobre o que está acontecendo internamente quando você pensa demais e sente ansiedade. O que quer que você decida, depois de algumas semanas, você provavelmente terá reunido dados suficientes para passar para a próxima etapa: desafiar e mudar seus pensamentos.

LIVRANDO-SE DE DISTORÇÕES COGNITIVAS

Qualquer que seja o método que use para desafiar seus pensamentos inúteis, a ideia é sempre assumir o controle dos padrões de pensamento que deixam você ansioso e substituí-los conscientemente por formas de pensar que o ajudem a se sentir calmo, no controle e capaz. Mais uma vez, vale a pena lembrar de adotar uma atitude de curiosidade compassiva, em vez de julgamento. As pessoas ansiosas ou que pensam demais costumam ser muito duras consigo, ou se culpam por suas falhas e fraquezas percebidas. Se você notou padrões em sua própria cognição e enxerga algumas distorções nada recomendáveis, isso é um motivo para comemorar. Orgulhe-se de si mesmo por ter a honestidade e a coragem de crescer e mudar, em vez de tentar "consertar-se" a partir de uma posição de desespero, vergonha ou impaciência. A ideia é revelarmos nossos pensamentos para que possamos substituí-los de forma mais consciente por outros que reflitam melhor nossos valores reais e nos ajudem a criar a vida que queremos para nós mesmos. É um processo que capacita, fortalece. Vejamos algumas abordagens populares.

REESTRUTURAÇÃO COGNITIVA

Não é engraçado a facilidade com que supomos que tudo o que pensamos está correto? Na maior parte das vezes, não questionamos os pensamentos que passam pela mente, mas, se pararmos para examinar nossos pensamentos de perto, é possível que identifiquemos distorções, imprecisões e falsas narrativas que nos mantêm presos a padrões de pensamento excessivo e estresse. Seja por um velho hábito e convenção ou por causa de um trauma, ou porque aprendemos essas crenças por meio de outra pessoa, essas narrativas têm uma capacidade curiosa de nos acomodar e nos convencer de que não são, na verdade, interpretações da realidade, mas a própria realidade.

Mas temos de estar dispostos a agir como cientistas e examinar e questionar de forma neutra nosso próprio pensamento em busca de evidências, em vez de deixar qualquer pensamento costumeiro nos dominar. Essa clareza se torna uma espada que nos ajuda a amputar o excesso de pensamento e extrair cirurgicamente da confusão os pensamentos úteis e precisos, deixando aqueles que nos fazem bem.

Albert Ellis costuma ser considerado um dos fundadores da terapia cognitiva e especificamente da reestruturação cognitiva, processo em que nos tornamos conscientes e revisamos os padrões de pensamento que não nos estão fazendo bem. Temos a opção de construir os pensamentos que queremos e podemos usar evidências para transformar pensamentos limitantes ou inúteis em pensamentos mais racionais.

Um terapeuta pode pedir a alguém que colete dados concretos para ver se os seus pensamentos, as suas suposições, as suas atribuições e as suas interpretações estão realmente apoiados na realidade. A grande epifania vem quando você percebe que muito do que você toma como certo conta com quase nenhuma evidência. E, se você escolheu um conjunto de pensamentos, significa que pode escolher outro.

O modo como nos sentimos não é causado pelo que acontece, mas por como pensamos sobre o que acontece. Quando mudamos a maneira como vemos as coisas, mudamos a maneira como nos sentimos. Na verdade, se você fez algumas observações sobre seu próprio pensamento conforme descrito na seção anterior, sua atenção consciente já está mudando a maneira como você se organiza mentalmente. Basta diminuir a velocidade e prestar atenção para que você fique mais consciente, dando a si mesmo uma oportunidade de exercer mais arbítrio. Simplesmente identificando nossos pensamentos, em vez de segui-los sem questionar, refletimos de forma mais racional e mais clara, dando um grande passo para quebrar hábitos mentais estressantes.

Vamos dar um passo adiante. Quando sentir uma emoção negativa, *pare*. Faça uma pausa e fique alerta. Anote o máximo que puder em seu registro, seja qual for o estilo que você escolheu. Identifique o gatilho ou sugestão — ou, pelo menos, o que veio no exato momento antes do sentimento — e anote. Entre em detalhes, se puder: quem estava presente? Onde e quando isso aconteceu? Literalmente, o que aconteceu, em detalhes (nenhum detalhe é pequeno demais)?

Anote seus pensamentos automáticos, mesmo que ainda não estejam muito claros em sua mente. Observe qualquer conversa interna, quaisquer perguntas que surjam, quaisquer explicações ou histórias que você imediatamente comece a contar a si mesmo. O complicado é que os pensamentos automáticos mais teimosos e prejudiciais são geralmente os mais vagos e difíceis de articular — no início. Observe a emoção resultante (a princípio, pode parecer que pensamento e emoção são a mesma coisa; olhe com atenção e desfaça a confusão) e com quanta intensidade você a sente. Pode ser que você sinta mais de uma.

Depois que você se acostumar com isso, chegamos à parte importante: mudar. Tente reestruturar apenas depois de ter gastado tempo suficiente coletando dados de forma neutra. Muitas vezes, não estamos em posição de começar a fazer mudanças até que tenhamos uma imagem clara do que é que, na verdade, estamos alterando. Suas alternativas serão guiadas pelo tipo de distorção a que você se vê propenso. Quando você é novo no processo, pode querer simplesmente encontrar tantas alternativas quanto possível — não importa se elas são viáveis, o que vale é o fato de você estar abrindo sua mente para ver que existem, de fato, outras maneiras de pensar sobre as coisas. Procure diferentes interpretações. Facilite as coisas ou seja um pouco mais flexível e gentil em sua análise.

Aqui estão algumas perguntas para orientar esse processo:

- Que evidência eu tenho de que meu pensamento automático é verdadeiro ou não?
- Existem outras explicações?
- Terei cometido um erro ou suposição?
- Qual é o pior que poderia acontecer? E isso é *tão ruim assim*?
- Que distorções cognitivas estou aplicando? E o que resta do pensamento quando elimino essa distorção?
- O que eu pensaria de um ente querido ou amigo que tivesse esse pensamento?
- Examinei todos os fatos ou apenas alguns deles?
- Minha reação é genuína ou estou me comportando de acordo com um hábito?
- Que outras perspectivas existem? O que os outros podem achar dessa situação?
- De onde realmente veio esse pensamento? Essa origem é confiável?

Anote o máximo de alternativas que puder, mas, no mínimo, três. Em seguida, consulte seu quadro de novo. Olhe para seus pensamentos e emoções, mas sob uma nova luz. Há alguma coisa diferente, agora que você reestruturou o pensamento? Em caso afirmativo, observe e avalie quaisquer benefícios. Quanto mais você puder internalizar o fato de que a reestruturação cognitiva realmente melhora sua vida e faz você se sentir melhor, mais provável será que você a continue praticando e colha seus benefícios!

Vejamos um exemplo concreto. Mike é um *overthinker* crônico e tem estado muito estressado por preocupações recorrentes com o trabalho, incapaz de relaxar devido ao medo de que tudo esteja sempre à beira de uma catástrofe. Ele mantém um registro de pensamento disfuncional por algumas semanas, e aqui está uma de suas anotações:

Data e hora	Situação	Pensamentos automáticos	Emoções	Resposta alternativa	Resultado
9 de julho, 10h45	Eu me senti apressado pela manhã; esbarrei no chefe no corredor e foi impossível responder sua pergunta rapidamente; ele riu	"Os outros estão sempre me observando e avaliando" "Tenho de me mostrar perfeitamente no controle e correto o tempo todo" "Ninguém sabe disso, mas sou ruim no meu trabalho e um fracasso"	Sensação de pânico (80%) Vergonha (10%) Sinto que nunca consigo relaxar, me sinto um impostor	Sensação de possíveis distorções: catastrofização, foco no negativo, leitura da mente	Sinto-me muito mais confortável e à vontade quando reestruturo os pensamentos

Depois de algumas semanas, Mike percebe um padrão dos mesmos pensamentos recorrentes e o mesmo tipo de distorções repetidas vezes. Ele analisa os pensamentos e gera algumas alternativas, inspirado nas perguntas listadas anteriormente:

- "Não tenho muitos indícios de que as pessoas estejam me *julgando*, mesmo que às vezes notem meu trabalho."

- "Posso exagerar sobre quanto meu chefe realmente me monitora."

- "Posso interpretar uma risada como mais ameaçadora do que de fato é."

- "Tenho muitas provas de que meu chefe está feliz com meu trabalho."

- "Mesmo que eu cometa um pequeno erro e os outros percebam, não é o fim do mundo, e é muito improvável que eu seja demitido automaticamente."

- "Na verdade, eu não sei o que os outros pensam de mim e não tenho provas de que eles pensem mal de mim."

... e assim por diante.

Com esses pensamentos no lugar, Mike percebe que seu pânico, que originalmente estava em 80%, caiu para cerca de 30%. Ele entende que não sente nenhuma vergonha quando pensa de forma mais positiva. Na próxima vez que surgirem pensamentos distorcidos, ele vai parar e se lembrar de que está no controle e tem opções. Ele quer seguir os velhos caminhos mentais que levam à ruminação e ao estresse? Ou quer escolher um padrão de pensamento mais confortável e realista?

EXPERIMENTOS COMPORTAMENTAIS

Quando você adota a abordagem anterior, está aquietando sua mente hiperativa e questionando todos os pensamentos automáticos, inconscientes e inúteis que ela cria. Você assume o papel de um investigador ou cientista neutro, chegando ao fundo das coisas. Mas algumas de nossas suposições e preconceitos mais caros podem persistir mesmo depois de verificarmos se há distorções cognitivas e procurarmos alternativas.

Por exemplo, você pode pensar: "Todo mundo me odeia." Esse pensamento pode estar tão arraigado em você desde a infância ou em seu senso cotidiano de identidade que você nunca consegue se livrar dele, mesmo quando reconhece intelectualmente que "ódio" talvez seja uma palavra forte demais. Você pode argumentar consigo mesmo, procurar interpretações alternativas e, ainda assim, no fundo, sentir que essa crença é verdadeira. Há uma maneira, no entanto, de chegar à raiz dessa ideia: *testá-la*.

Procurar provas para nossos pensamentos pode demandar muito trabalho, mas às vezes precisamos realizar "experimentos" para provar a nós mesmos que nossos pensamentos não se baseiam na realidade. Crenças centrais teimosas têm um componente emocional, o que significa que elas não vão desaparecer porque você racionalmente argumentou que elas deveriam sumir. Portanto, tente esta técnica:

- *Esclarecer a crença.* Exponha com clareza qual é o seu pensamento e anote-o, bem como a emoção associada a ele e sua intensidade. Neste exemplo, "todo mundo me odeia".

- *Crie uma hipótese* que contenha uma alternativa potencial, ou seja, "algumas pessoas não me odeiam".

- *Crie um experimento* para testar essa hipótese. O que você precisaria fazer para colocar essa crença à prova? Talvez você possa procurar no passado exemplos de situações em que as pessoas disseram que gostavam de você, ou então pode observar o comportamento das pessoas ao seu redor no período de uma semana para ver como elas agem com você. Aí, veja se as ações delas são compatíveis com uma atitude de "ódio".

- *Realize o experimento* com a mente mais aberta possível e anote suas observações. Talvez você perceba, durante o período do experimento, que muitas pessoas procuram você deliberadamente, querendo passar algum tempo com você, e que há quem se esforce para estar perto de você.

- *Analise esses resultados.* A que conclusão você consegue chegar? A suposição original, que dizia "todo mundo me odeia", resiste à análise? Observe também a mudança de sentimento que você tem quando passa a acreditar em outra coisa.

- *Ajuste* aquilo em que acredita e, quando se sentir inseguro, volte ao seu experimento e lembre-se de que você provou o contrário para si mesmo de modo lógico e na prática. Lembre-se dos sentimentos associados à crença alternativa.

Existem vários tipos diferentes de experimentos comportamentais pelos quais você pode optar. O mencionado anteriormente é chamado de "experimento-teste de hipótese direta". No entanto, algumas coisas sobre as quais podemos pensar demais não se prestam à formação de hipóteses com tanta facilidade quanto esse método de experimentação. Em outros casos, medos e pensamentos negativos não são tão fáceis de testar. Por exemplo, uma pessoa solitária que fica se perguntando se alguém se importaria se algo acontecesse com ela não pode (e não deve) testar essa hipótese, por exemplo, machucando a si mesma para ver se alguém fica preocupado.

Para tais cenários, podemos empregar um método experimental alternativo que utiliza pesquisas. Sim, você sofre de pensamentos invasivos que acredita serem tão repugnantes e embaraçosos que nunca poderá compartilhá-los com outra pessoa. A maneira como você pode utilizar as pesquisas é perguntar a pessoas que você conhece que sofrem de ansiedade sobre os pensamentos invasivos que elas têm ou procurar relatos pessoais na internet. Você provavelmente encontrará muitas histórias de pessoas que têm pensamentos semelhantes aos seus, o que normalizará seus próprios pensamentos e permitirá que você os veja como menos prejudiciais ou perigosos do que pensava de início.

Um terceiro tipo de experimento comportamental é chamado de "experimentos de descoberta". Com muita frequência, pessoas com ansiedade se apegam a certas visões sobre pessoas específicas, sobre o mundo em geral e até sobre si mesmas, visões que não são baseadas em nenhuma razão claramente identificável. No entanto, elas internalizaram seus medos irracionais a tal ponto que não podem supor uma ideia alternativa. Elas estão convencidas de que, se não evitarem certas coisas ou não fizerem certas coisas, algo ruim vai ocorrer. Por exemplo, uma menina que sofreu abuso sexual quando criança pode ser alguém que se sente constantemente envergonhada e, de alguma forma, "perdida" pela ação de seu agressor. Não há uma razão clara pela qual ser abusada deixaria uma pessoa perdida para sempre, mas, como ela viveu com essa experiência e pensou dessa maneira por tanto tempo, pode ser difícil para ela pensar: "Talvez eu não esteja perdida."

Nesse caso, a pessoa deve se perguntar: "O que aconteceria se eu agisse como se não estivesse perdida?" A diferença entre esse tipo de experimento e o teste de hipótese é que você não está apenas avaliando a veracidade de uma determinada afirmação ou pensamento. Você está simulando um modo de ser para ver como as pessoas ao seu redor reagem. Embora isso possa parecer assustador, para muitos essa pode ser a única maneira de descobrir se o que eles acreditam é verdade, porque refletir e pensar sobre o assunto não é eficaz. Além disso, de todos os tipos de experimentos, esse tem maior potencial de convencimento porque sua própria experiência falará por si.

Crie experimentos para as suas crenças centrais persistentes. Às vezes, desenvolvemos essas crenças por causa de experiências passadas e velhos hábitos que se tornaram arraigados. Às vezes, a melhor maneira de se convencer de uma mudança é literalmente experimentá-la de verdade. A ação prática pode nos tirar da rotina mental e nos permitir *experimentar* alternativas, em vez de apenas imaginá-las superficialmente.

USANDO TCC PARA LIMPAR SEU DISCURSO INTERIOR

Ao examinar seus pensamentos mais de perto, você pode ter se impressionado com *a quantidade de pensamentos* que encontrou. Em vez de uma única ideia aqui e ali, os que pensam demais tendem a ter um fluxo constante e caudaloso de diálogo interno. Pode ser difícil escolher apenas uma única ideia nesse fluxo constante. A narrativa e o comentário quase ininterruptos que mantemos na mente, à medida que avançamos na vida, pode ser chamado de discurso interior. Esse monólogo pode ser neutro (ou seja, apenas observa), positivo (encoraja sentimentos de felicidade e capacidade) ou negativo (faz com que nos sintamos mal e, para os propósitos deste livro, ansiosos).

Qual é a diferença entre uma única crença central desajustada (como "eu preciso ser perfeito para ser amado") e um discurso interior negativo? De fato, há entre os conceitos uma significativa sobreposição. A principal diferença pode ser explicada com um exemplo: uma crença central como "eu preciso ser perfeito para ser amado" pode resultar em todo um fluxo de monólogo e narrativa internos, como: "*Que fracasso você é! Olhe como esse projeto está indo mal. Eu sabia. Quem iria querer ficar perto de um inútil como você? Beleza, pare de se vitimizar. Ninguém quer ser amigo de alguém tão neurótico assim. Não é surpresa para ninguém que você ainda esteja solteiro! Você fracassa em tudo que tenta, não é? Por qual motivo? É difícil até entender o que está errado com você..."* E assim por diante.

Não seria produtivo abordar cada uma dessas declarações negativas individualmente; mas, com alguma paciência e autoconsciência, pode-se ver que todas elas se originam de uma crença central que se expressa de maneiras diferentes. O discurso interior negativo pode ser reconhecido por seu caráter emocional. Você percebe a vergonha, a dúvida e a reprovação na conversa interna anterior? O maior problema desse fluxo interno de palavras não é o fato de ele ser impreciso (embora, claro, ele seja), mas o fato de ser... simplesmente maldoso!

A TCC também pode nos ajudar a lidar com a conversa interna que vem da baixa autoestima crônica, do autojulgamento e da dúvida. Usando a estrutura ACC ou o registro de pensamentos disfuncionais, dos quais falamos anteriormente, podemos ver o que desencadeia o nosso fluxo de discurso interior — o que às vezes é difícil, porque ele pode ser tão inconsciente e tão contínuo que você realmente não percebe seu "início". Mas use esses registros para ver se você pode isolar um único *tema emocional* por trás de sua conversa interna e, a partir disso, extrair uma crença ou pensamento central que dá partida a essa linha de pensamento.

Ao lidar com uma conversa interna crônica e profunda, a alternativa mais saudável costuma ser mais emocional do que cognitiva. Você pode descobrir que, em vez de insistir na precisão, verdade ou lógica dos pensamentos que passam pela sua mente, precisa identificar a emoção por trás dela e abordá-la diretamente. Em nosso exemplo anterior, isso pode significar não apenas mudar seu pensamento para "eu sou imperfeito e amável do jeito que sou", mas também olhar para os sentimentos de baixa autoestima que o acompanham e substituí-los por amor-próprio e compaixão.

ROTEIRIZAR-SE: NUTRINDO E REFORÇANDO O DISCURSO INTERIOR POSITIVO

É uma verdade absoluta que pensamentos, sentimentos e comportamentos estão sempre emaranhados de forma complexa. A *linguagem* que usamos quando falamos com nós mesmos faz tanta diferença quanto a precisão factual das declarações. O modo como nos tratamos internamente envolve mais do que apenas os pensamentos individuais que temos, e sim uma atitude e um hábito contínuos. Assim como faríamos com qualquer outro relacionamento, podemos, com o tempo, construir com nós mesmos um relacionamento caracterizado pela gentileza e pelo respeito.

"Roteirizar-se" é algo que vai além de declarações e ideias individuais e se estende a ter uma maneira devidamente encorajadora e positiva de falar consigo mesmo e sobre você o tempo todo. Que tom de voz você usa consigo? É positivo ou negativo? Preciso ou impreciso? Realista ou irreal? Gentil ou indelicado? Prestativo ou displicente?

Um autorroteiro deliberado é uma maneira de assumir o controle do discurso interior. Se você puder se aplicar um autorroteiro durante momentos de estresse e pensamento excessivo, com o tempo isso se tornará mais automático. Um roteiro de si mesmo pode ser usado quando você estiver fazendo meditação, visualização ou relaxamento muscular progressivo, ou você pode combiná-lo com mantras e citações encorajadoras para usar em momentos tensos. Crie um autorroteiro inspirador de discurso interior quando estiver se sentindo forte e feliz, e recorra a ele quando estiver ansioso ou angustiado para voltar aos trilhos.

Se você estiver familiarizado com o que o desestabiliza, lembre-se de "acionar" seu autorroteiro quando souber que está mais vulnerável a mergulhar na conversa interna negativa ou pensar demais. Por exemplo, sabendo que falar em público tende a desestabilizar você, pode se dedicar a combinar técnicas de respiração, visualizações calmantes e um discurso interior semelhante a: "Você consegue. Fazer um discurso não é o fim do mundo, e você já fez isso várias vezes antes..." para combater distorções como o catastrofismo e a noção de *tudo ou nada*. Assim você pode se preparar e assumir o comando.

Um autorroteiro é um pouco como a auto-hipnose, e conduz sua atenção para onde você deseja. O discurso interior pode ser inconsciente, mas um autorroteiro deliberado permite que você assuma o controle consciente. Pratique-o quando estiver calmo e concentrado de modo a tê-lo pronto e automaticamente disponível quando estiver se sentindo mais estressado. Cole algumas frases-chave em *post-its* onde você possa vê-las. Depois de um tempo, observe, se houver, as mudanças de humor e pensamentos que o roteiro cria e faça ajustes à medida que avança. Você pode ter vários roteiros diferentes para diferentes situações, gatilhos, distorções cognitivas ou medos.

Sua líder de torcida interior: a fonte de um autorroteiro positivo.

Ao trabalhar duro para contrabalançar qualquer negatividade e ansiedade que você tiver identificado em si, talvez ache útil construir a voz oposta: em vez do crítico interior, fique curioso sobre sua líder de torcida interior.

Essa é a voz que deseja o melhor para você. É a sua parte mais sábia, elevada e evoluída. Quer pense nela como um ser separado (um anjo da guarda, uma divindade ou um poder superior), um conceito mítico ou narrativo (uma fada madrinha) ou simplesmente uma parte mais iluminada e elevada de quem você é, você pode optar conscientemente por fazer com que essa líder de torcida interior pese toda vez que você perceber quaisquer pensamentos distorcidos e crenças centrais.

Por exemplo, quando aquela voz interior negativa se manifestar com uma crítica ou preocupação ansiosa, você pode pedir deliberadamente à sua líder de torcida interior que responda. Talvez isso funcione como um diálogo literal entre sua dúvida e sua confiança crescente.

— Eu sei que você vai estragar tudo.

— *Isso não é verdade; não há como saber o resultado porque nada ainda foi feito. Você tem muitos talentos e trabalhou duro.*

— Sim, mas sempre há uma chance de que algo terrível aconteça e tudo vá pelos ares, e então eu não sei o que vou fazer.

— *Se isso acontecer, não importa. Você é uma pessoa adorável e valiosa, mesmo que não tenha sucesso de primeira. Aconteça o que acontecer, você está se empenhando em aprender, então por que ter medo?*

E assim por diante. Essencialmente, você deixa que uma parte sua comprometida com seu sucesso e bem-estar debata contra um viés negativo e ansioso instintivo. Mesmo que ter uma pequena conversa consigo pareça artificial, apenas tente — você pode se surpreender com o quanto você é capaz de falar com sabedoria e perspicácia, contanto que aproveite a oportunidade de escutar.

Um adendo sobre a "positividade": todos nós sabemos que afirmações afetadas e mantras nos quais você, na verdade, não acredita não vão ajudar muito. Discurso interior positivo não significa estar totalmente fora de contato com a realidade, mentir para si mesmo ou fingir que os problemas não existem. Significa simplesmente que você está disposto a dar à sua percepção da vida um *viés levemente positivo*.

Lembre-se de que seu objetivo não é eliminar completamente o estresse, a incerteza ou o desafio. Você não está fugindo para uma terra dos sonhos, onde tudo é perfeito. Um pouco de estresse melhora seu desempenho e pode ser motivador!

LIÇÕES APRENDIDAS

- Muitos de nós estamos presos a certos padrões de pensamento negativo que nos causam muita ansiedade. A terapia cognitivo-comportamental pode ajudar você a identificar esses padrões de pensamento e substituí-los por atitudes mais positivas que vão melhorar significativamente sua saúde mental.

- A primeira coisa que você precisa fazer é identificar as diferentes distorções cognitivas que o podem afetar. Algumas das mais comuns são o pensamento preto e branco, que faz você enxergar tudo em extremos (tudo é horrível ou celestial) e ignorar os aspectos positivos para se concentrar desproporcionalmente no que há de ruim em qualquer situação. Há uma longa lista de tais distorções, e é provável que sejamos afetados por várias distorções diferentes ao mesmo tempo.

- Em seguida, voltamos nosso foco para que tipo de situações, pessoas ou ambientes desencadeiam padrões de pensamento específicos para você. Você pode usar o registro de pensamentos disfuncionais como uma forma de acompanhar os detalhes relevantes. Aqui, sempre que você sentir que está começando um padrão de pensamento negativo, pare e identifique o lugar, a situação ou os eventos que precederam o pensamento, o que exatamente era o pensamento e que tipo de distorção era. Em seguida, pense em uma resposta racional a esse pensamento.

- Uma vez que entendemos mais sobre nossas distorções cognitivas, precisamos saber como mudar esses padrões de pensamento. Uma maneira eficaz de fazer isso é por meio de experimentos comportamentais. Uma maneira simples de empregar essa técnica é declarar claramente seu pensamento ou crença negativa. Em seguida, forme uma hipótese em que você considera a possibilidade de que tal crença é falsa. Pense se você tem alguma evidência ou experiência passada que possa indicar que a crença, de fato, é falsa. Faça observações que possam apontar a mesma coisa e, se você encontrar razões para duvidar de sua crença original, analise-a e ajuste seu padrão de pensamento conforme o que descobrir.

CAPÍTULO 6
Atitudes novas e regulação emocional

Neste livro, analisamos o problema de pensar demais (que é realmente um problema de ansiedade) sob vários ângulos diferentes e consideramos soluções que vão desde o gerenciamento do tempo e dos fatores estressantes da vida até o controle dos próprios pensamentos e emoções para reduzir a tensão e o estresse no corpo. Consideramos alguns modelos científicos e as pesquisas que os fundamentam, embora reconheçamos que aplicar essas descobertas em nossa própria vida seja uma espécie de arte.

O objetivo geral é não apenas aprender algumas dicas e truques para uso pontual (por mais úteis que sejam), mas se tornar uma pessoa totalmente nova — o tipo de pessoa calma, controlada e que encara a vida com toda a confiança de quem conhece seu coração e sua mente e tem um domínio tranquilo sobre ambos. Qual é, de fato, a diferença entre uma pessoa oprimida por pensamentos negativos e alguém capaz de enfrentar qualquer desafio e tensão com compostura resiliente? É tudo uma questão de atitude.

Este capítulo reúne o espírito das técnicas que descrevemos anteriormente para reunir em um só lugar a mentalidade e a perspectiva que pertencem à pessoa não ansiosa. É um "manifesto" de cinco pensamentos ou, mais precisamente, atitudes. Sempre é possível optar por ser mais consciente e escolher *para onde direcionar a sua consciência*. Se você conhece alguma pessoa naturalmente calma, pode perceber que ela tem uma ou mais dessas atitudes presentes em sua narrativa pessoal. Mas você pode aprender a fazer o que esse tipo de pessoa faz de forma instintiva com um pouco de cultivo consciente. A esperança é que, ao praticá-las com frequência, as técnicas dos capítulos anteriores levem naturalmente a essas atitudes.

ATITUDE 1: CONCENTRE-SE NO QUE VOCÊ *PODE* CONTROLAR, NÃO NO QUE *NÃO PODE*

Sua atenção consciente só pode focar uma coisa de cada vez; portanto, no que você vai se concentrar? Quando nos sentimos impotentes e fora de controle, ocorre excesso de pensamento de fundo ansioso. Quando focamos nossa atenção nas coisas que estão fora de nosso controle, naturalmente nos sentimos impotentes. Ignoramos todas as maneiras pelas quais temos *liberdade* de fazer mudanças e, em vez disso, ficamos concentrados nas coisas que nos afligem sem que tenhamos qualquer arbítrio para agir. É como se colocássemos holofotes em tudo que não podemos mudar e ignorássemos as outras possibilidades fora do nosso campo de visão. As soluções existem, só precisamos voltar nossa atenção para elas.

É como empurrar um bloco de pedra imóvel: o esforço não leva a lugar nenhum e apenas esgota e desanima. O que não tem jeito, não tem jeito; então, por que desperdiçar energia e atenção com isso? Por que desperdiçar esforço, especialmente quando esse esforço poderia ser aplicado em outro lugar onde há uma chance real de causar uma mudança?

É verdade que, às vezes, seu escopo de ação é muito limitado e sua única escolha disponível pode ser entre duas opções de que você não gosta mesmo. Ainda assim, você tem uma escolha. Muitas vezes, a única coisa que você pode controlar é você mesmo, mas isso é o bastante. Por exemplo, você sofre um pequeno acidente de carro na estrada devido exclusivamente à negligência de outro motorista que estava enviando uma mensagem de texto e agora diz que não estava, e ainda quer gritar com você como se estivesse falando com um imbecil.

É humano se deixar levar pelo medo, raiva ou desagrado em momentos como esses. Mas de que servirá ficar chateado? Siga os estoicos e aceite dignamente o que você não tem o poder de mudar. Sua energia é gasta de modo mais útil pegando rapidamente os contatos do seguro e encontrando um jeito de sair o mais rápido possível daquela situação para que você possa consertar seu carro. A outra pessoa está errada? Sim. Ela é irritante, estressante e desagradável? Provavelmente. Mas você não precisa aceitar esse estresse. Você pode se recusar a morder a isca, ignorar seus insultos e agir de maneira prática e sem estresse. Esses princípios foram bem entendidos pelos antigos estoicos, como Epiteto, que disse: "Não te esqueças: quanto mais valorizas as coisas fora de teu controle, menos controle tens." Temos poder sobre nossa mente, não sobre os eventos externos. Portanto, se continuarmos a nos concentrar em eventos externos sobre os quais não temos poder, a conclusão é óbvia: experimentaremos impotência e, portanto, ansiedade em todas as ocasiões.

Na verdade, os pesquisadores hoje estão descobrindo evidências de que o princípio estoico de focar o que você pode controlar traz benefícios mensuráveis para pacientes com ansiedade. Em 2020, pesquisadores do laboratório de neurociência afetiva e cognitiva em Birkbeck, liderados por Alexander MacLellan, consideraram o efeito sobre voluntários de um programa de treinamento em estoicismo. O grupo experimental conseguiu reduzir sua ruminação em cerca de 13%, se comparado com o grupo de controle de pessoas que não fizeram o treinamento em estoicismo. Um detalhe interessante: os exercícios que eles realizaram não eram diferentes dos contidos neste livro.

ATITUDE 2: CONCENTRE-SE NO QUE VOCÊ *PODE* FAZER, NÃO NO QUE *NÃO PODE*

Isso nos leva à próxima atitude central. Ansiedade e pensamento excessivo têm uma característica peculiar; são fenômenos puramente abstratos, internos, vagos. Trata-se de possibilidades, medos, conjecturas e memórias. Numa análise sincera, nenhum pouco mais substancial do que o ar. Se você vive assim em sua cabeça, pode naturalmente se sentir impotente, como se estivesse lá apenas para testemunhar passivamente o mundo ao seu redor e ruminar sobre ele, em vez de reconhecer seu poder de ser um participante ativo. Às vezes, quando somos superados por pensamentos estressantes, é porque temos medo de agir, porque sentimos que não podemos agir ou não reconhecemos que podemos e até devemos agir.

A ação tem um efeito esclarecedor e revelador e pode tirar você de conjecturas mentais e ruminações estressantes. Se você não está focando agir ou se está se estressando com algo que não pode ser feito, está direcionando sua energia para coisas que farão você se sentir frustrado e inútil. Enfatizamos esse sentimento de impotência e fechamos os olhos para possíveis soluções.

Imagine alguém que quer abrir um bar, mas descobre com decepção que a burocracia e a legislação o impedem de obter uma licença para vender bebidas alcoólicas. Não há saída. Tudo parece estar indo por água abaixo. Então, essa pessoa começa a se concentrar no fato de que não é capaz de fazer nada, como isso é injusto, como ela foi sabotada... e daí nasce o estresse.

Mas uma mudança de perspectiva pode permitir que ela se pergunte: "Se não posso fazer o que pretendia, o que posso fazer? Por que não abrir um café?"

Em um mundo ideal, podemos usar nossos poderes cognitivos para resolver problemas, inventar soluções criativas ou enxergar uma nova maneira de lidar com uma situação nova e estranha. Pensar é uma habilidade preciosa, contanto que o pensamento inspire a ação. Agir sem pensar é idiotice, mas pensar sem agir é ansiedade.

A atitude certa transforma as adversidades e os obstáculos em oportunidades para aplicar soluções criativas. O estresse e a preocupação podem ser canalizados para o planejamento e a inovação. Os melhores inventores costumam chegar a ideias surpreendentes precisamente *porque* seus planos originais falharam. Mas, quando você se concentra no fracasso, e não nas novas possibilidades sugeridas por esse fracasso, você se estressa sem necessidade.

ATITUDE 3: CONCENTRE-SE NO QUE VOCÊ *TEM*, NÃO NO QUE *NÃO TEM*

Você está notando um padrão? Uma perspectiva que se concentra em possíveis soluções e interpretações positivas gera confiança e contentamento, enquanto a perspectiva que se concentra em tudo o que há de errado com uma situação gera ansiedade. Uma é expansiva, capacitante e baseada na curiosidade, enquanto a outra é restritiva, incapacitante e baseada na apatia e em conclusões precipitadas. É algo semelhante à questão sobre o copo meio cheio ou meio vazio.

Concentrar-se no que você tem é uma maneira de dar um toque positivo e saudável à sua avaliação de qualquer situação. Que recursos você tem? O que está funcionando bem? Pelo que você deveria realmente ser grato? Se você mantém esse estado de espírito, está preparado para encontrar soluções e novas oportunidades. Por outro lado, quando você pensa no que falta, no que você precisa ou no que está errado, você não consegue ver mais nada. Você pode até ignorar por completo a solução que resolveria sua infelicidade, se não se concentrasse nela com tanta atenção.

Um exemplo bem simples: imagine que alguém está fazendo uma festa de aniversário de criança e tem de atender uma multidão — uma façanha bastante estressante. Numa dessas pequenas tragédias que acontecem, o bolo cai no chão e agora está completamente arruinado. O anfitrião pode enfatizar esse fato e se concentrar em como é horrível que a festa esteja arruinada e não haja bolo; ou eles podem ver o humor na situação e ser criativos na cozinha. Ainda há velas, uma melancia gigante, enfeites de festa e quilos de bombons. Por que não transformar a situação em uma brincadeira e dar um prêmio para o grupo de crianças que conseguir inventar o melhor bolo de aniversário improvisado até o fim da tarde?

Às vezes, os *overthinkers* podem exagerar na avaliação de um problema, ao mesmo tempo que minimizam sua capacidade de resolvê-lo. Eles transformam um morrinho em uma montanha e depois se convencem de que não há nada que possam fazer a respeito daquilo. Mesmo diante de um desastre genuíno, as pessoas calmas confiam em sua própria competência e resiliência para encontrar um caminho.

Enquanto estamos considerando essa atitude, vale a pena examinar outro conceito afim, que nos últimos anos atraiu uma atenção significativa da pesquisa: gratidão. Ser grato significa reconhecer e apreciar tudo o que está indo bem em nossa vida no momento

— de certa forma, o oposto do modo estressado e ansioso de ser. Em 2016, Wong e associados descobriram que escrever "registros de gratidão" levou a um aumento estatisticamente significativo no bem-estar mental. Os pacientes que receberam psicoterapia foram divididos em três grupos: um de pessoas que escreveram "cartas de agradecimento", expressando sua gratidão aos outros; aqueles que escreveram de modo a se expressar, simplesmente documentando seus pensamentos e sentimentos; e aqueles que não escreveram nada. Como dá para imaginar, o grupo dos gratos relatou o maior aumento no bem-estar.

Concentre sua mente, por decisão própria, nas coisas que realmente *não são* problemas para você no momento. Ignorá-las é fácil, mas simplesmente permanecer consciente das nossas muitas bênçãos pode amortecer todas as coisas que às vezes consideramos desafiadoras.

ATITUDE 4: CONCENTRE-SE NO *PRESENTE*, NÃO NO *PASSADO* OU NO *FUTURO*

A ansiedade sempre mora em outro lugar. Ela se agarra ao passado, preocupando-se com o que já aconteceu (ou seja, está fora de seu controle; veja a atitude 1), ou paira inutilmente sobre o futuro, imaginando um milhão de possibilidades estressantes. Mas a percepção consciente e a ação útil não moram em outro lugar: elas vivem no presente. Traga sua consciência para o que está acontecendo *agora* e você reduzirá o escopo do pensamento excessivo. Você também colocará seus pensamentos no único lugar em que eles têm a melhor chance de realmente ser úteis. Qualquer solução, qualquer felicidade, qualquer percepção e qualquer ação útil só podem existir em um lugar: aqui. Então é aqui que você deve procurar.

Para dar um exemplo um pouco mais sério do que a festa de aniversário de uma criança, pense em alguém que está lutando contra uma história de abuso, perda, transtornos mentais e épocas sombrias. Alguém que está em um ponto da vida em que não apenas as coisas que aconteceram e os erros que cometeram o perturbam, mas também o que isso significa para seu futuro e o lugar para onde estão indo. Digamos que, após anos de terapia e desenvolvimento pessoal, essa pessoa encontre um novo parceiro romântico e as coisas estejam indo muito bem.

No entanto, em vez de se concentrarem nesse novo romance se desenrolando, ela se deixa levar pela lamentação de um relacionamento ruim no passado. Ela teme que isso ameace seu novo relacionamento e que todas as conexões futuras sejam manchadas para sempre pelos erros e arrependimentos do passado. Ela não deixa de esperar que o outro desista, e está tão comprometida com a própria ideia de si mesma como uma pessoa prejudicada e complicada que passa todo o tempo se preocupando com o momento em que todo mundo vai perceber como ela é problemática.

Ao mesmo tempo, uma coisa é ignorada: o fato de que, *no presente, agora mesmo, as coisas estão maravilhosas*! Quantas pessoas lamentam certos tempos passados sem perceber que isso torna impossível apreciar o novo momento que elas podem viver agora? Quanta energia e tempo são desperdiçados na preocupação com futuros possíveis que nunca chegam, enquanto o momento presente, real e concreto é ignorado?

ATITUDE 5: CONCENTRE-SE NO QUE VOCÊ *PRECISA*, NÃO NO QUE *DESEJA*

A maneira não ansiosa de pensar é simples. Nossos discursos interiores pessoais e nossas narrativas internas podem tecer mundos complicados com bem pouca relação com nossa vida real. O pensamento estressante pode nos tirar dos trilhos quando nos impede de compreender o que é absolutamente necessário à nossa felicidade e ao nosso bem-estar, e quais coisas, ainda que boas, são complementares.

Concentrar-se nas necessidades, e não nos desejos, ajudará você a chegar ao cerne das coisas e a priorizar o que é importante. Mais uma vez, é sempre menos estressante focar o que realmente importa e deixar de lado o que não importa. Por exemplo, alguém pode estar planejando uma grande mudança para uma nova área e começa a se sentir sobrecarregado e estressado quando pensa em todos os pequenos detalhes a respeito do tipo de casa que melhor se adequaria ao seu estilo de vida. Acaba, assim, deixando-se levar por ruminações sobre detalhes cada vez menores: *"A casa A tem um ótimo jardim, mas é mais cara que a casa B, que, mesmo assim, é mais próxima do Centro, mas também a casa C é mais barata e é a mais próxima do Centro, mas não tem jardim... mas quem liga para um jardim com aquele piso maravilhoso de madeira? Porém..."*

Considerar infinitas possibilidades e escolhas talvez pareça inteligente, mas, na verdade, pode paralisar você e tornar suas decisões menos eficazes. Tentar uma otimização infinita nos afasta cada vez mais de nossos valores fundamentais e nos distrai com coisas que são importantes, mas não fundamentais. Em vez disso, a pessoa do nosso exemplo poderia parar e fazer uma lista das três características principais de que mais precisa em uma casa nova. Depois de decidir que preço, jardim e três banheiros são critérios inegociáveis, ela concentraria sua atenção e ignoraria opções que não a atendem.

Concentrar-se nas necessidades também permite que você seja mais resiliente com mudanças, desafios ou decepções que, por mais que não sejam desejáveis, também não são o fim do mundo. Se pudermos entender que algo é apenas um desejo, e não uma necessidade, é mais fácil aceitar sua perda e seguir em frente quando não o conseguimos. Por fim, vale a pena notar que os seres humanos costumam ser péssimos em identificar o que realmente desejam e em prever o que os deixará felizes. Quando você se concentra em suas necessidades mais básicas e fundamentais, é forçado a pensar em seus valores mais verdadeiros. Pensar em vontades e desejos, no entanto, pode levar você a águas mais turvas. Quem de nós nunca se meteu em problemas porque pensou demais em uma escolha ou se convenceu de algo que tinha certeza de que queria, mas não queria de verdade?

Pratique algum minimalismo mental, reduza as coisas e não tente controlar cada detalhe das grandes decisões. Todos nós podemos ficar confusos com o que pensamos que deveríamos querer, com o que outras pessoas querem para nós, com expectativas culturais e sociais, com propagandas ou com quaisquer outros caprichos e desejos passageiros que são menos substanciais do que parecem. As verdadeiras necessidades muitas vezes são sentidas de forma simples e direta, ao passo que aquelas decisões e desejos que às vezes nos flagramos justificando e explicando sem parar geralmente não são necessidades genuínas.

Existe outra maneira por meio da qual a iniciativa de direcionar o foco para as necessidades ajuda a reduzir a ansiedade. Se você é alguém que rumina sobre seus relacionamentos ou sabe que fatores estressantes sociais constituem a maior parte de suas ansiedades, sintonizar-se com as necessidades pode ajudar a simplificar as coisas. O modelo de comunicação não violenta proposto por Marshall Rosenberg trata de melhorar a empatia, a conexão e a compreensão nos relacionamentos. Um princípio é focar as necessidades nas interações sociais. Elimine o estresse e a coação da sua comunicação, compartilhando com clareza suas próprias necessidades e ouvindo as necessidades dos outros. Isso vai melhorar drasticamente a harmonia e reduzir o sofrimento e a ansiedade no relacionamento.

Por exemplo, alguém pode se convidar para ir à sua casa em um dia em que você se sente particularmente antissocial e sem vontade de ver ninguém. Em vez de se concentrar em suas ações (irritantes), culpar, evitar ou dar desculpas que fazem você se sentir culpado, saia dessa ruminação e limite-se a observar as necessidades de cada um. "Ei, eu sei que você queria mesmo sair hoje à noite, mas preciso ficar quieto no momento. Você aceitaria um encontro na semana que vem?" Concentrar-se nas necessidades evita muitos caminhos potenciais de estresse.

Como você pode ver, as cinco atitudes deste manifesto são, na verdade, variações de um único tema. Pessoas que não estão sujeitas a pensamentos ansiosos dominam uma atitude particular em relação à vida caracterizada por flexibilidade, foco, resiliência e ação benéfica. Coloque sua consciência em tudo que é bom em qualquer situação, ou seja, suas opções, seus recursos, seu potencial de ação e sua capacidade constante de agir de acordo com seus próprios interesses, não importa que adversidades enfrente.

REGULAÇÃO EMOCIONAL ATRAVÉS DA AÇÃO OPOSTA

As atitudes examinadas moldam nosso pensamento, nossa percepção, nosso comportamento e, por fim, nosso mundo.

Alimentar essas atitudes é um compromisso consciente com a positividade, a flexibilidade, a esperança, a gratidão, a curiosidade, a paciência, o respeito próprio e, talvez, até um pouco de bom humor. Em outras palavras, a grande diferença é *emocional*. Quando somos capazes de reconhecer e dominar nossas próprias emoções, podemos adotar o estado emocional da mente que melhor nos serve. O domínio sobre o *eu* é o domínio sobre o corpo, a mente e o coração, isto é, nossas emoções.

As técnicas de TCC mencionadas, bem como os métodos baseados na atenção plena, nos ensinam a lidar sem julgamento com nossas emoções. Observamos com a consciência calma o que sentimos, aceitando nossos sentimentos. Isso é importante: o processo de regular as emoções começa com a aceitação das emoções. Não nos tornamos melhores em trabalhar com nossas emoções aprendendo a afastá-las, mas as conhecendo pelos seus nomes e nos familiarizando bem com elas.

Um método usado com bastante sucesso em outros contextos terapêuticos é a chamada "técnica da ação oposta", que, em termos muito grosseiros, consiste em "fazer o oposto do que suas emoções lhe dizem". Claro, isso não significa entrar em negação ou luta contra o sentimento genuíno. Na verdade, para praticar essa técnica, precisamos primeiro nos concentrar nas emoções que realmente sentimos quando pensamos demais (por exemplo, medo, pânico, inquietação, vergonha) e observá-las sem resistência ou apego. Você já praticou isso um pouco quando fez o acompanhamento da TCC ou anotou os pensamentos disfuncionais.

Essa primeira parte do processo de regulação emocional não é diferente das outras práticas meditativas; você deixa suas emoções serem o que são. A partir da consciência tranquila da respiração, do seu corpo e da sua consciência, você observa a si mesmo e as emoções que surgem em seu interior. Você pode combinar essa investigação sobre seu estado emocional com uma prática programada de atenção plena, adicioná-la à sua rotina matinal ou transformá-la em uma sessão de visualização. Ou você pode praticar "estar com" você mesmo e suas emoções sempre que surgirem sensações difíceis ou você se sentir em uma crise.

Não há nada de errado em ter emoções, especialmente no caso de pensar demais, emoções que são sobretudo de medo. Você tem todo o direito e razão de se sentir assim. No entanto, vimos que a emoção se conecta aos nossos pensamentos e ao nosso comportamento. Embora sintamos o que sentimos, isso não significa que não podemos opinar sobre como esses sentimentos afetam nossos pensamentos ou comportamentos.

A emoção por trás do excesso de pensamento é o medo; medo de perder o controle, de ser dominado, de fracassar, de perigo iminente, pânico e assim por diante. É uma sensação válida. Mas isso não significa que seja *verdadeira*. E com certeza não significa que ela seja útil! Além disso, se agimos com medo, muitas vezes acabamos gerando mais medo. Mas temos a opção de observar nossos sentimentos, de sentir nosso medo e, mesmo assim, *escolher* agir de forma diferente. É aqui que entra a técnica de ação oposta.

Se estivermos presos a pensamentos excessivos e ruminação ansiosa, por exemplo, nosso estado emocional de medo pode causar uma série de comportamentos diferentes em nós: podemos evitar pessoas ou situações, deixar de assumir riscos razoáveis, parar de explorar ou ter curiosidade pelo mundo, passar a ser desconfiados ou até mesmo paranoicos, subestimar a nós mesmos e nossas competências, diminuir nossos sonhos e objetivos, negar situações difíceis, deixar passar boas oportunidades por medo do fracasso ou talvez culpar os outros por causarem problemas em nossa vida.

Os pensamentos que temos quando somos consumidos pelo medo e pela ansiedade são igualmente limitantes:

- "O mundo não é seguro."
- "Não se pode confiar em ninguém."
- "Não vai dar certo, melhor nem tentar."
- "Não se esforce, é muito arriscado."
- "Não tente nada novo, algo ruim vai acontecer."

Podemos ter compaixão por nossos sentimentos de medo e validá-los como reais e dolorosos sem necessariamente ceder a eles.

Em outras palavras, nossas emoções de medo e ansiedade são mais do que bem-vindas como passageiras no nosso automóvel, mas não podem se sentar no banco do motorista e decidir para onde nossa vida irá.

Qual é o oposto de medo e ansiedade? O que acontece quando simplesmente invertemos essas emoções, comportamentos e ações?

Vemos confiança e tranquilidade. Abordamos novas situações com interesse e não temos medo de experimentar coisas novas ou de correr riscos. Confiamos nos outros porque, no fundo, confiamos em nós mesmos e sabemos que estamos à altura das provações que a vida coloca em nosso caminho e que sabemos lidar com elas. Às vezes sentimos medo, mas permitimos que o desafio nos motive e inspire. Nossa cabeça tem pensamentos como "O que acontece se eu tentar tal coisa?" ou "Não sei o que vai acontecer, mas não deixo de ter esperança".

Da mesma forma que nossa planilha de TCC nos permitiu identificar pensamentos prejudiciais e depois pensar em alternativas melhores, a técnica de ação oposta nos permite identificar o núcleo emocional por trás desses pensamentos para que possamos experimentar uma alternativa que nos faça sentir melhor. O processo geral é:

1. Identifique e reconheça a emoção e viva-a sem julgamento ou interpretação.

2. Observe os pensamentos que essa emoção está causando em você, bem como os comportamentos que ela incentiva. Você gosta desses pensamentos e comportamentos? Eles o aproximam de seus objetivos e estão alinhados com seus valores? Eles estão dominando ou atrapalhando você?

3. Em caso afirmativo, identifique a emoção *oposta*. Ao tentar cultivar essa experiência emocional, você traz algum equilíbrio ao seu estado de espírito e orienta seus pensamentos e comportamentos em uma direção mais saudável.

4. Por um período fixo (seja cinco minutos ou um dia), *comprometa-se totalmente* a manter o estado emocional oposto. Se você hesitar, tente se lembrar do motivo pelo qual está aplicando essa técnica. Lembre-se do custo dos pensamentos e comportamentos movidos por fortes emoções negativas, bem como do valor do estado de espírito que você deseja alcançar.

5. Observe os resultados. Observe como você se sente, comparado com o estado inicial, e observe como seus pensamentos e suas ações mudam quando você deliberadamente escolhe se sentir diferente. Lembre-se desses resultados na próxima vez que sentir uma forte emoção negativa semelhante.

Essa técnica não procura negar o modo como você se sente ou levá-lo a reprimir emoções, muito pelo contrário: é uma ótima maneira de começar a praticar uma melhor regulação emocional e autocontrole, trazendo consciência para o que muitas vezes é um mergulho automático e doentio em pensamentos e padrões de comportamento negativos.

Lembre-se do exemplo anterior: você sofre um acidente de carro e o outro motorista se comporta de forma agressiva com você. Raiva e irritação são coisas capazes de nos dominar. Mas, se você tiver presença de espírito para parar e identificar o que está acontecendo, tem a chance de mudar. Vendo que os pensamentos e possíveis comportamentos que vêm da raiva extrema provavelmente não são do interesse de ninguém, você pode tentar buscar a emoção oposta de propósito.

Em vez de retribuir a raiva e o insulto ao motorista hostil, você toma a decisão consciente de, pelos próximos dez minutos, *não* ficar bravo, gritar ou fazer acusações. Você usa uma voz suave. Você mantém a calma e se porta de modo neutro, validando o outro motorista sem necessariamente concordar com ele. Você nota a tensão no pescoço e decide relaxá-la. Você só precisa fazer isso por dez minutos. Não é tão ruim!

Mas, ao fim de 10 minutos, uma vez que a discussão acabou, você pode notar algumas coisas: observando o modo como você se sente agora, percebe que aquela onda imediata de raiva não está mais lá. Você sente alívio por não ter dito ou feito nada de que se arrependeria agora. E o melhor de tudo: uma sensação de calma *genuína* parece tomar conta de você, que é mais rapidamente capaz de deixar de lado as ruminações sobre aquilo que aconteceu. Mesmo sabendo que poderia passar horas refletindo sobre a injustiça sofrida, agora você acha mais fácil deixar para lá e seguir em frente.

Tudo isso foi conseguido sem negar o fato de que você estava com raiva ou tenso. Na verdade, você poderia facilmente ter optado por sentir aquela raiva depois que os 10 minutos tivessem passado, como você chegou a achar que seria mais apropriado. Essa técnica leva em consideração o fato de que essas emoções existem, mas isso não significa que temos de aceitar cada uma no segundo em que aparecem ou que temos de deixar que elas nos ditem o que pensamos, dizemos ou fazemos. Essa não é uma ideia fortalecedora?

UMA PALAVRA SOBRE A RUMINAÇÃO

O que significa ruminar? Já usamos essa palavra algumas vezes neste livro, mas não demos a ela uma definição operativa.

Essa palavra tem uma história realmente fascinante: ela se origina do termo latino *ruminare*, que significa literalmente "mastigar". É por isso que os animais que vivem mastigando, como as vacas, são chamados de "ruminantes". É uma maneira adequada de descrever um tipo particular de pensamento que afeta todos nós de tempos em tempos. Uma vaca rumina regurgitando o material parcialmente digerido e mastigando-o de novo, e faz isso várias vezes. A ruminação mental é a mesma coisa: nós regurgitamos velhas memórias, ideias e temas obsoletos para mastigá-los de novo, de novo e de novo. Mas, enquanto ruminar é algo saudável e normal para uma vaca, é raro que a ruminação mental seja saudável e normal para um ser humano.

Digamos que você tenha tido um desentendimento estranho com um ente querido e continue repetindo a conversa em sua mente. Talvez você se imagine dizendo outra coisa ou esteja tomado pelo arrependimento ou remorso. Algo está errado nessa situação, então seu cérebro continua voltando para a mesma cena, focando-a, colocando um holofote em cada detalhe desagradável, tentando diferentes interpretações e finais hipotéticos.

Basicamente, ruminar é pensar demais. É mastigar ideias até transformá-las em uma polpa, e isso é improdutivo. Muitas vezes, trazemos à tona uma memória antiga que, por sua vez, desencadeia outras memórias (geralmente negativas) que nos pegam em um ciclo cada vez maior de alheamento e pensamento excessivo. Você mastiga e mastiga, mas sua capacidade de resolver problemas piora e sua ansiedade aumenta. Em outras palavras, você não consegue parar de contar a si mesmo, repetidamente, um conto de fadas muito ruim.

Se você tende a desenterrar memórias ruins do passado, o primeiro passo para parar com isso é identificar seus gatilhos. Talvez o gatilho seja voltar para casa e ver seu antigo quarto. Talvez seja uma certa música ou um tipo de comida ou a experiência de ser avaliado. Seja o que for, você precisa saber qual é o efeito disso sobre sua vida para poder agir. O segundo passo é entender a forma de sua ruminação. Você se prende ao remorso? Ressentimento? Desespero? Culpa continuamente os outros ou a si mesmo?

Em seguida, entenda que você precisa de *consciência* e *distância* dessa velha e cansada reprise de uma história que pode mesmo estar sendo mal contada desde a primeira vez. Ao ler as técnicas e abordagens anteriores, essa possibilidade agora deve ser familiar para você. Psicologicamente, dê um passo para trás nessa história que parece correr por conta própria, uma vez iniciada. Como em todos os exercícios anteriores de atenção plena, observe-a se desenrolando sem se identificar com ela, apegar-se a ela ou resistir a ela.

Uma maneira de ganhar distância é *rotular*. Dê um nome à história. Você pode pensar "Ah, *a saga* começou de novo" sempre que perceber que o mesmo velho conto de culpa e raiva está recomeçando. Você pode se distanciar ao simplesmente observar pensamentos e sentimentos, em vez de se deixar subjugar por eles. Portanto, em vez de dizer "Sou inútil", diga: "Estou me sentindo inútil agora." Em vez de dizer "Eu arruinei minhas chances", diga: "Estou me lembrando de uma memória particularmente dolorosa agora." Coloque em torno da sensação uma cerca definida; assim, você porá limites nela e começará a entender que é temporária. Afinal, quanto daquilo com que nos atormentamos é de fato baseado na realidade, e quanto não passa de *histórias* que escolhemos contar para nós mesmos?

É ótimo se você puder adicionar um pouco de humor. Quando você consegue encontrar humor, pode ser resiliente e, de alguma forma, maior do que o grande problema assustador que está enfrentando. Diga a si mesmo "Ah, vamos lá. Meu carnaval de chororô está vindo com força total esta tarde" e tente ver o absurdo da situação, imaginando um minidesfile com balões minúsculos, mas risíveis, sempre que você se lembra de eventos embaraçosos da infância. Zombe de si mesmo; no mínimo, saiba que você definitivamente não é a única pessoa a se agarrar a uma memória ruim.

Outra coisa a tentar é perguntar-se deliberadamente: "O que você está fazendo é solucionar um problema ou apenas ruminando?" Seja honesto. Na primeira dentada, uma ideia pode realmente oferecer algo útil ou perspicaz. Porém, é mais comum que, quanto mais você repasse uma ideia, menos ganhe com ela. Vimos que um poderoso meio de evitar ficar preso no modo analítico é simplesmente agir. Ponha-se no momento concreto *fazendo algo real*, em vez de malabarismos intermináveis com possibilidades, suposições e preocupações.

Se a resposta for "Estou apenas ruminando", force-se a direcionar sua atenção para uma única e pequena ação possível aqui e agora. Digamos que você errou e disse algo maldoso para um amigo sem pensar. Você se sente mal agora. Você repete a frase em sua cabeça, envergonhando-se incessantemente. Então você para e pergunta: "O que estou fazendo é resolução de problemas ou ruminação?" Você percebe que está apenas ruminando capim psicológico e se obriga a parar para, em vez de ruminar, pensar em qualquer coisa que possa fazer para melhorar a situação.

O problema é que você ofendeu seu amigo. A solução pode ser pedir desculpas ou procurá-lo para consertar a ponte. Então, faça isso. Pense desta forma: se você vai gastar toda a energia pensando no problema, pelo menos faça bom uso do pensamento e encontre uma maneira de melhorar as coisas. Se você não pode melhorar nada, coloque sua energia em se distrair, perdoar ou seguir em frente.

Ao recanalizar a energia ansiosa para coisas que vão melhorar sua situação ou, pelo menos, ajudar a se reconciliar com ela, você está se envolvendo novamente com o mundo e saindo do interminável furacão mental que não leva a lugar nenhum, mas apenas dá voltas e mais voltas em círculos.

Já falamos sobre tolerância ao sofrimento, mas você pode fazer um grande avanço no caminho da resiliência mental simplesmente aprendendo a se distrair nos momentos certos. Quando você perceber que está ruminando ("Ah, aí vem minha ruminação de novo. Tão chata, as mesmas velhas histórias..."), jogue-se logo em uma atividade que absorva toda a sua atenção. Levante-se e faça trinta polichinelos enquanto diz o alfabeto ao contrário. Escreva sua lista de compras para a semana. Pegue seu tricô, arrume sua mesa ou cante uma música complicada, direcionando todo seu foco à letra. Na verdade, não importa o que você vai fazer; apenas quebre temporariamente o ciclo de ruminação, distraindo-se.

Se você não consegue pensar em nada, concentre-se nas sensações de seus cinco sentidos ou pratique uma atividade física, como corrida ou ioga. Você não precisa se sentar estoicamente e combater os pensamentos invasivos; levante-se e sacuda-os, se quiser. Se você ouvir seu cérebro mergulhando naqueles pensamentos sobre o que "teria, deveria, poderia ter, e se, talvez", entre em ação e corte-os pela raiz. Normalmente, não queremos nos sentir distraídos, mas a distração pode ser uma ferramenta poderosa se a usarmos com consciência e propósito.

Você está pensando em alguma coisa sobre a qual não tem controle?

Você está transformando um morrinho em uma montanha?

Sua ruminação é capaz de fazer qualquer coisa para melhorar a situação ou resolver o problema?

Você tem algum motivo para acreditar que a história que está contando ou sua interpretação dos eventos é tão boa assim, isto é, que você deveria acreditar na sua palavra?

Tome uma distância psicológica, imaginando que sua ruminação é um velho amigo chato que está sempre tagarelando sobre alguma coisa. Imagine-se na posição de um observador calmo e imparcial que sabe, no fundo, que a história é apenas isso: uma história. Então, o velho amigo chato vem até você e diz: "Lembra daquela vez, alguns anos atrás, quando você disse que sabia falar francês e então alguém falou francês e você não tinha ideia de como responder? Lembra disso? Foi tão humilhante, né?"

Talvez essa memória tenha sido reacendida em você ao ver algo em um programa de TV ou porque recentemente viu um amigo que estava lá quando o incidente aconteceu. Seja qual for o gatilho da ruminação, porém, uma vez que você esteja ciente, você tem duas opções: pode se juntar ao amigo e ter uma boa, longa e angustiada discussão sobre como o episódio foi constrangedor e como você é péssimo como pessoa por contar uma mentira tão estúpida; *ou* você poderia dizer à ruminação, calmamente: "Ah, sim, eu conheço essa história antiga. Mas isso é passado agora. Aprendi minha lição e não faço mais esse tipo de coisa, e as pessoas há muito esqueceram minha gafe. Agora, deixe-me voltar ao que estava fazendo."

Quando a ruminação, esse amigo chato, se manifesta outra vez e convida você a repetir a cena embaraçosa, sua resposta é: "Ei, ruminação, será que você tem algo novo a dizer? Alguma ideia nova, passos práticos que eu possa dar agora? Se não tem, então, adeus. Estou ocupado com outra coisa." Sua mente se torna antiaderente. É fácil. A ruminação, um pouco desapontada por ninguém a estar ouvindo, vai embora.

LIÇÕES APRENDIDAS

- Embora este livro proponha uma tonelada de estratégias para ajudar você a lidar com a ansiedade e o excesso de pensamento, o objetivo aqui não é apenas aprender algumas dicas e truques. É causar um impacto mais transformador, induzindo a uma mudança fundamental nas atitudes e percepções. Há cinco atitudes que você precisa incorporar em sua mentalidade.

- A primeira é focar no que você pode controlar e não no que não pode. Se você pode controlar algo, assuma o controle. Se não pode, não adianta se preocupar com isso. No fim das contas, não há nada que você possa fazer, e a melhor estratégia aqui é simplesmente aceitar e seguir em frente.

- A segunda é focar no que você pode fazer, e não no que não pode. Essa atitude é semelhante à primeira, porém, mais específica. Quais são as coisas específicas que você pode e não pode fazer em determinadas situações?

- A terceira atitude é concentrar-se no que você tem, e não no que não tem. Muitas vezes nos esquecemos de apreciar todas as coisas boas que temos à nossa disposição enquanto damos toda atenção ao que nos falta. No entanto, podemos corrigir isso, optando por pensar nas coisas boas em nossa vida.

- Da mesma forma, concentre-se naquilo de que você precisa, e não no que deseja, porque as coisas que você deseja nunca se esgotarão e nunca serão totalmente alcançáveis. Isso ajudará você a se concentrar nas coisas que são absolutamente necessárias. Por fim, viva no presente, não no passado ou no futuro, porque conjecturar nos "e se..." é a maneira mais garantida de cair no pensamento excessivo.

- A ruminação é um pensamento ansioso e improdutivo. Como outros tipos de ansiedade, ela pode ser tratada com consciência e distância psicológica. Rotule pensamentos como pensamentos e personifique ou externalize velhas histórias, e adquira o hábito de se perguntar se o que você está fazendo é verdadeiramente resolver problemas ou apenas ruminar.

GUIA RESUMIDO

Capítulo 1: O problema de quem pensa demais não é pensar demais

- O que exatamente é pensar demais? Pensar demais é quando você analisa, avalia, rumina e se preocupa excessivamente com certas coisas a ponto de prejudicar sua saúde mental, porque você simplesmente não consegue parar.

- Existem duas fontes principais de ansiedade que levam ao pensamento excessivo. A primeira está em nós mesmos. Infelizmente, alguns de nós têm uma predisposição genética a ser mais ansiosos do que outros. No entanto, a genética pode não ser o único fator. Podemos nos tornar *overthinkers*, pessoas que pensam demais, porque isso nos faz sentir como se estivéssemos, de alguma forma, lidando com o problema sobre o qual estamos pensando demais. Porém, como o pensamento excessivo nunca acaba, nós nunca conseguimos lidar com esses problemas. Ainda assim, sentimos que estamos fazendo algum progresso. Isso se transforma em um círculo vicioso do qual talvez seja difícil escapar.

- Outra causa de ansiedade é o nosso ambiente. Aqui existem dois aspectos. Primeiro, precisamos considerar nosso ambiente imediato, onde passamos mais tempo, como nossa casa e nosso local de trabalho. A maneira como esses espaços foram projetados pode ter um grande impacto em nossos níveis de ansiedade. Se eles forem desordenados, mal iluminados e barulhentos, isso nos deixará mais ansiosos. O segundo aspecto é a experiência mais ampla que temos no ambiente sociocultural por meio de nossas interações com o mundo. Situações como ser vítima de racismo ou machismo podem nos deixar estressados e resultar em um aumento da ansiedade.

- Pensar demais traz muitas consequências negativas, incluindo danos físicos, mentais e até sociais, que podem se tornar problemas no longo prazo. Alguns exemplos são: taquicardia, tontura, sensação de cansaço, irritabilidade, nervosismo, dores de cabeça, tensão muscular etc.

Capítulo 2: A fórmula antiestresse e algumas coisas mais

- Agora que identificamos o que é pensar demais, precisamos saber como combater o problema. Há muitas técnicas simples, mas eficazes, que você pode fazer para desestressar e acalmar uma mente ansiosa e que pensa demais.

- A primeira coisa que você precisa lembrar é um mantra chamado os 4 As do gerenciamento do estresse: afastar-se, alterar, aceitar e adaptar. Afastar implica nada mais do que evitar as coisas que você não pode controlar. Algumas coisas simplesmente não valem a pena, e é melhor removê-las por completo de nosso ambiente. No entanto, se não pudermos evitá-las, devemos aprender como alterar nosso ambiente para remover o fator estressante. Se não é possível alterar o ambiente, não temos escolha a não ser aceitá-lo. Por último, se não podemos fazer muito a respeito da situação, devemos nos adaptar a ela e aprender a lidar com nosso fator estressante e reduzir ao mínimo seu potencial danoso.

- Outra técnica popular é o diário. Quando pensamos demais, temos toneladas de pensamentos diferentes girando em nossa mente, o que pode parecer opressor. No entanto, quando os anotamos sistematicamente, podemos analisá-los e avaliar se esses pensamentos são dignos. Para criar o hábito, você pode carregar um diário de bolso e escrever nele sempre que achar necessário.

- Uma terceira técnica possível é chamada de técnica 5-4-3-2-1. Ela é altamente eficaz para conter ataques de pânico, e faz isso envolvendo todos os nossos cinco sentidos. Então, sempre que sentir o pânico tomando conta de você, procure ao seu redor cinco coisas que você possa ver, quatro coisas que possa tocar, três que possa cheirar, duas que possa ouvir e uma que você possa saborear. Envolver seus sentidos distrai seu cérebro do pensamento excessivo.

Capítulo 3: Gerenciar seu tempo e suas interações

- Uma das maiores fontes de nossa ansiedade é a má administração do tempo. Tendemos a priorizar as coisas que nos deixam infelizes e nos recusamos a dedicar tempo suficiente às coisas de que realmente gostamos. É raro reservarmos tempo para o lazer e o relaxamento adequados, portanto devemos fazer isso com consciência, para melhorar nossos níveis de ansiedade. Algumas dicas incluem fazer listas de tarefas regulares, priorizar suas tarefas na ordem de sua preferência real e dividir as metas em partes menores.

- Existem também outras estratégias que podem nos ajudar a administrar melhor o tempo. Uma delas é chamada de técnica de processamento de interações de Allen. Segundo ela, as interações são qualquer estímulo externo. O que precisamos fazer é analisar e anotar como respondemos até mesmo aos estímulos mínimos, como ligações, e-mails etc. Em seguida, devemos planejar a melhor maneira de responder com base em nossas respostas existentes para que possamos priorizar certos estímulos em detrimento de outros.

- Outra técnica útil é usar metas SMART. Essa sigla inglesa significa que as metas devem ser específicas, mensuráveis, atingíveis, relevantes e com prazos definidos. Anote suas metas em detalhes muito específicos para que você saiba exatamente o que fazer. Em seguida, estabeleça critérios para medir como você saberá que alcançou essa meta. Certifique-se de que o objetivo é alcançável; não deve ser algo extravagante. Avalie como esse objetivo é relevante para seus valores e qual propósito de vida será alcançado através dele. Por fim, defina um limite de tempo para concluir essa meta para que você o faça em um período razoável.

Capítulo 4: Como encontrar o zen instantâneo

- Pode haver momentos em que você sente que sua ansiedade está atingindo um pico ou que ela está prestes a fugir completamente ao seu controle. Nesses casos, você pode contar com algumas técnicas testadas e comprovadas para reduzir os níveis de estresse.

- A primeira dessas técnicas é o treinamento autógeno. Com ele, pretendemos obter controle sobre nossos pensamentos e emoções por meio de seis exercícios diferentes. Para praticar a primeira técnica, encontre um lugar confortável para se sentar ou deitar. Em seguida, dê a si mesmo algumas dicas verbais como "estou completamente calmo" enquanto mantém uma respiração lenta e constante. Sinta as sensações em várias partes do seu corpo ao mesmo tempo que repete intermitentemente a frase para si mesmo. Embora essa técnica leve algum tempo para ser dominada, ela é simples e pode ser feita em qualquer lugar a qualquer hora.

- A segunda técnica é chamada de imaginação guiada. Essencialmente, você encontra uma posição confortável e pensa em um lugar que trabalhe com todos os seus sentidos, como olfato, audição etc. de maneiras agradavelmente estimulantes. Pode ser qualquer lugar, só precisa ser um que inspire relaxamento. Imagine-o com o máximo de detalhes possível, usando toda a sua imaginação.

- Em terceiro lugar, temos o relaxamento muscular progressivo. Essa técnica baseia-se na teoria de que o relaxamento físico leva ao relaxamento mental. Portanto, o objetivo é relaxar fisicamente os músculos, começando por tensioná-los. Mais uma vez, sente-se em uma posição confortável e vá da cabeça aos pés ou vice-versa, tensionando diferentes partes do corpo antes de relaxar e seguir em frente.

- Por fim, o adiamento da preocupação é uma forma muito direta e eficaz de interromper o descontrole da ansiedade. Quando você perceber que está começando a sentir ansiedade, agende um momento específico no futuro para se preocupar e, em seguida, traga sua mente para o presente. É raro que possamos eliminar a preocupação de nossa vida, mas podemos *conscientemente* limitar seu tempo de início e duração.

Capítulo 5: Reconfigure seus padrões de pensamento

- Muitos de nós estamos presos a certos padrões de pensamento negativo que nos causam muita ansiedade. A terapia cognitivo-comportamental pode ajudar você a identificar esses padrões de pensamento e substituí-los por atitudes mais positivas que melhorarão significativamente sua saúde mental.

- A primeira coisa que você precisa fazer é identificar as diferentes distorções cognitivas que podem lhe afetar. Algumas das mais comuns são o pensamento preto e branco, que faz você enxergar tudo em extremos (tudo é horrível ou celestial) e ignorar os aspectos positivos para se concentrar desproporcionalmente no que há de ruim em qualquer situação. Há uma longa lista de tais distorções, e é provável que sejamos afetados por várias distorções diferentes ao mesmo tempo.

- Em seguida, voltamos nosso foco para que tipo de situações, pessoas ou ambientes desencadeiam padrões de pensamento específicos para você. Você pode usar o registro de pensamentos disfuncionais como uma forma de acompanhar os detalhes relevantes. Aqui, sempre que você sentir que está começando um padrão de pensamento negativo, pare e identifique o lugar, a situação ou os eventos que precederam o pensamento, o que exatamente era o pensamento e que tipo de distorção era. Em seguida, pense em uma resposta racional a esse pensamento.

- Uma vez que entendemos mais sobre nossas distorções cognitivas, precisamos saber como mudar esses padrões de pensamento. Uma forma eficaz de fazer isso é por meio de experimentos comportamentais. Uma maneira simples de empregar essa técnica é afirmar claramente seu pensamento ou crença negativa. Em seguida, forme uma hipótese em que você considera a possibilidade de que tal crença seja falsa. Pense se você tem alguma evidência ou experiência passada que possa indicar que a crença, de fato, é falsa. Faça observações que possam apontar a mesma coisa e, se você encontrar razões para duvidar de sua crença original, analise-a e ajuste seu padrão de pensamento conforme o que descobrir.

Capítulo 6: Atitudes novas e regulação emocional

- Embora este livro proponha uma tonelada de estratégias para ajudar você a lidar com a ansiedade e o excesso de pensamento, o objetivo aqui não é apenas aprender algumas dicas e truques. É causar um impacto mais transformador, induzindo a uma mudança fundamental nas atitudes e percepções. Há cinco atitudes que você precisa incorporar em sua mentalidade.

- A primeira é focar no que você pode controlar, e não no que não pode. Se você pode controlar algo, assuma o controle. Se não pode, não adianta se preocupar com isso. No fim das contas, não há nada que você possa fazer, e a melhor estratégia aqui é simplesmente aceitar e seguir em frente.

- A segunda é focar no que você pode fazer, e não no que não pode. Essa atitude é semelhante à primeira, porém, mais específica. Quais são as coisas específicas que você pode e não pode fazer em determinadas situações?

- A terceira atitude é concentrar-se no que você tem, e não no que não tem. Muitas vezes nos esquecemos de apreciar todas as coisas boas que temos à nossa disposição enquanto damos toda atenção ao que nos falta. No entanto, podemos corrigir isso, optando por pensar nas coisas boas em nossa vida.

- Da mesma forma, concentre-se naquilo de que você precisa, e não no que deseja, porque as coisas que você deseja nunca se esgotarão e nunca serão totalmente alcançáveis. Isso ajudará você a se concentrar nas coisas que são absolutamente necessárias. Por fim, viva no presente, não no passado ou no futuro, porque pensar em conjecturas sobre "e se..." é a maneira mais garantida de cair no pensamento excessivo.

- A ruminação é um pensamento ansioso e improdutivo. Como outros tipos de ansiedade, ela pode ser tratada com consciência e distância psicológica. Rotule pensamentos como pensamentos e personifique ou externalize velhas histórias, e adquira o hábito de se perguntar se o que você está fazendo é verdadeiramente resolver problemas ou apenas ruminar.

Direção editorial
Daniele Cajueiro

Editor responsável
Omar Souza

Produção editorial
Adriana Torres
Júlia Ribeiro
Allex Machado

Tradução
Igor Barbosa

Copidesque
Alvanisio Damasceno

Revisão
Iuri Pavan

Diagramação
Henrique Diniz

Este livro foi impresso em 2024,
pela Exklusiva, para a Agir.